"十三五"职业教育系列教材

U0643078

10kV线路保护柜的装配与调试

主 编 张树功 王丽英
副主编 周海燕 张兴然
编 写 陈 亚 刘晓芹

中国电力出版社
CHINA ELECTRIC POWER PRESS

内 容 提 要

本书以 10kV 线路保护柜的装配与调试为例，采用情境教学、任务驱动的模式，基于工作过程的教学体系，并结合生产厂家盘柜装配的实际开发情况编写而成。本书分为 4 个学习情境，内容包括二次元件的检验、二次接线图的识读与绘制、二次回路的装配和二次回路的调试。

本书可作为高职高专院校的二次接线实训教学指导书，也可作为从事盘柜装配生产现场工程技术人员的培训和自学参考书。

图书在版编目（CIP）数据

10kV 线路保护柜的装配与调试 / 张树功，王丽英主编 . —北京：中国电力出版社，2017.6（2022.6 重印）

"十三五"职业教育规划教材

ISBN 978-7-5198-0811-2

Ⅰ . ①1… Ⅱ . ①张…②王… Ⅲ . ①线路保护－装配－高等职业教育－教材②线路保护－调试－高等职业教育－教材 Ⅳ . ① TM774

中国版本图书馆 CIP 数据核字（2017）第 131236 号

出版发行：中国电力出版社
地　　址：北京市东城区北京站西街 19 号（邮政编码 100005）
网　　址：http://www.cepp.sgcc.com.cn
责任编辑：雷　锦（010-63412530）　刘　宇
责任校对：王开云
装帧设计：赵姗姗
责任印制：吴　迪

印　　刷：三河市航远印刷有限公司
版　　次：2017 年 6 月第一版
印　　次：2022 年 6 月北京第三次印刷
开　　本：787 毫米 ×1092 毫米　16 开本
印　　张：8.75
字　　数：209 千字
定　　价：28.00 元

前　言

  本教材基于工作过程，校企合作开发的校本教材，在教材编写的过程中，编写人员深入多家企业，与企业技术人员共同研讨分析专业覆盖岗位的典型工作任务及其能力，设置了4个学习情境，以工作任务为载体，以完成工作任务为目标，通过资讯、决策、计划、实施、检查与评估6个步骤，使学生掌握相关的知识和技能，训练完整的思维过程，培养良好的职业素质，引导学生在工作过程中学习。在教材中，每一个教学情境均有任务载体，教学目标，教学内容，知识链接，适合于开展理实一体教学。

  本书以盘柜生产工序的流程为主线，详细介绍了生产盘柜各工序所应掌握的基本知识和技能，并结合给定的生产任务的完成达到知识、技能在实际工作中的应用，提高理论指导实践，在实践中掌握知识和培养技能的目的。

  本书由保定电力职业技术学院张树功工程师统稿，学习情境一的单元一、单元二和学习情境二的单元一、单元二、单元三由周海燕副教授编写，学习情境一、二的单元四由王丽英副教授编写，学习情境三的单元五及附录由张兴然讲师编写，任务工单一、二由陈亚讲师编写，任务工单三由刘晓芹讲师编写，其余由张树功工程师编写。

  由于编者水平所限，书中难免有疏漏之处，敬请专家和读者批评指正。

编　者
2017 年 5 月

目　　录

项 目 情 境

一、项目情境介绍

嘉信电气设备集团向师创公司发出意向订单，采购 15 面 10kV 线路保护柜，技术要求如下：

(1) 满足 10kV 单侧电源线路的低电压闭锁电流速断保护和定时限过流保护。

(2) 线路具有一次自动重合闸功能。

(3) 具有断路器控制回路。

(4) 保护柜的装配与检验应符合 GB 50171—1992《电气装置安装工程盘、柜及二次回路接线施工及验收规范》的要求。

二、项目原始资料

1. 一次自动重合闸装置原理图（如图 0-1 所示）

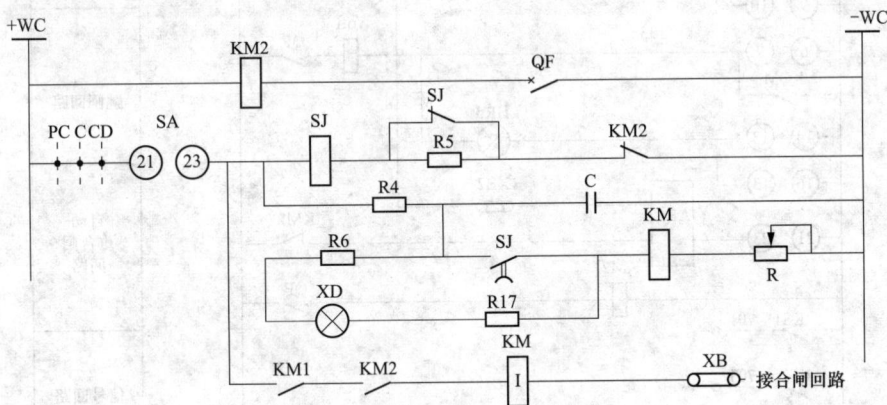

图 0-1　一次自动重合闸装置原理图

2. 10kV 线路保护柜原理展开图（如图 0-2 所示）

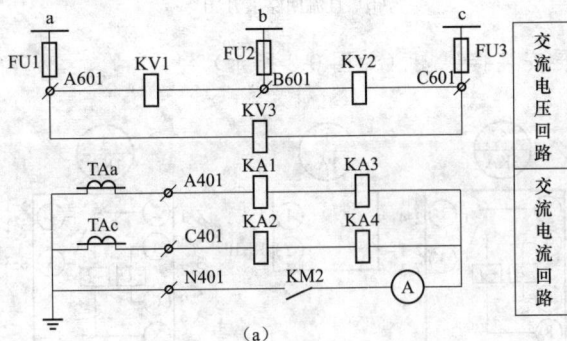

(a)

图 0-2　10kV 线路保护柜原理展开图（一）

(a) 交流回路展开图

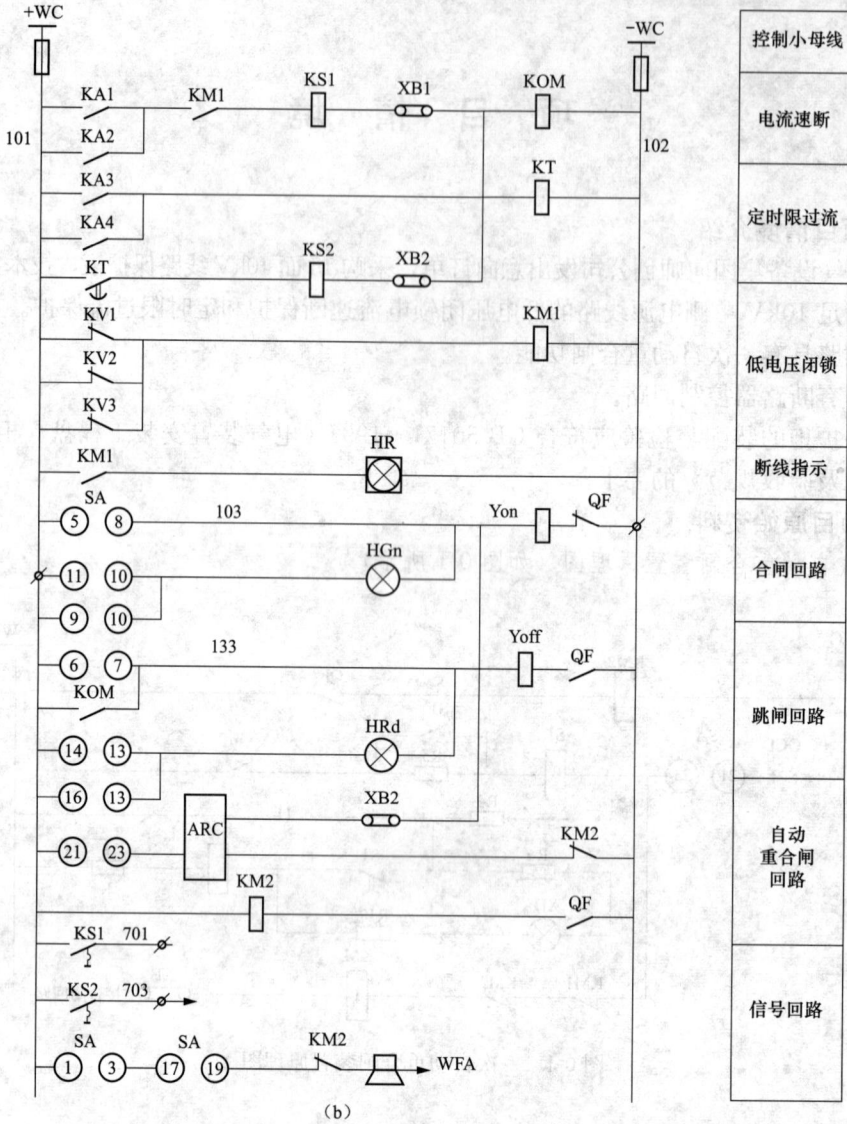

图 0-2　10kV 线路保护柜原理展开图（二）

（b）直流回路展开图

3. 10kV 线路保护屏安装接线图（如图 0-3 所示）

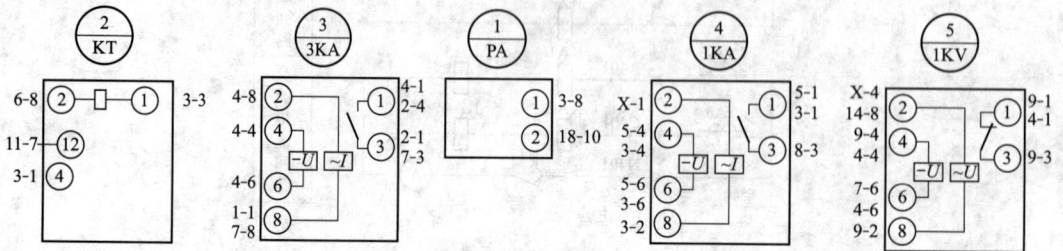

图 0-3　10kV 线路保护屏安装接线图（一）

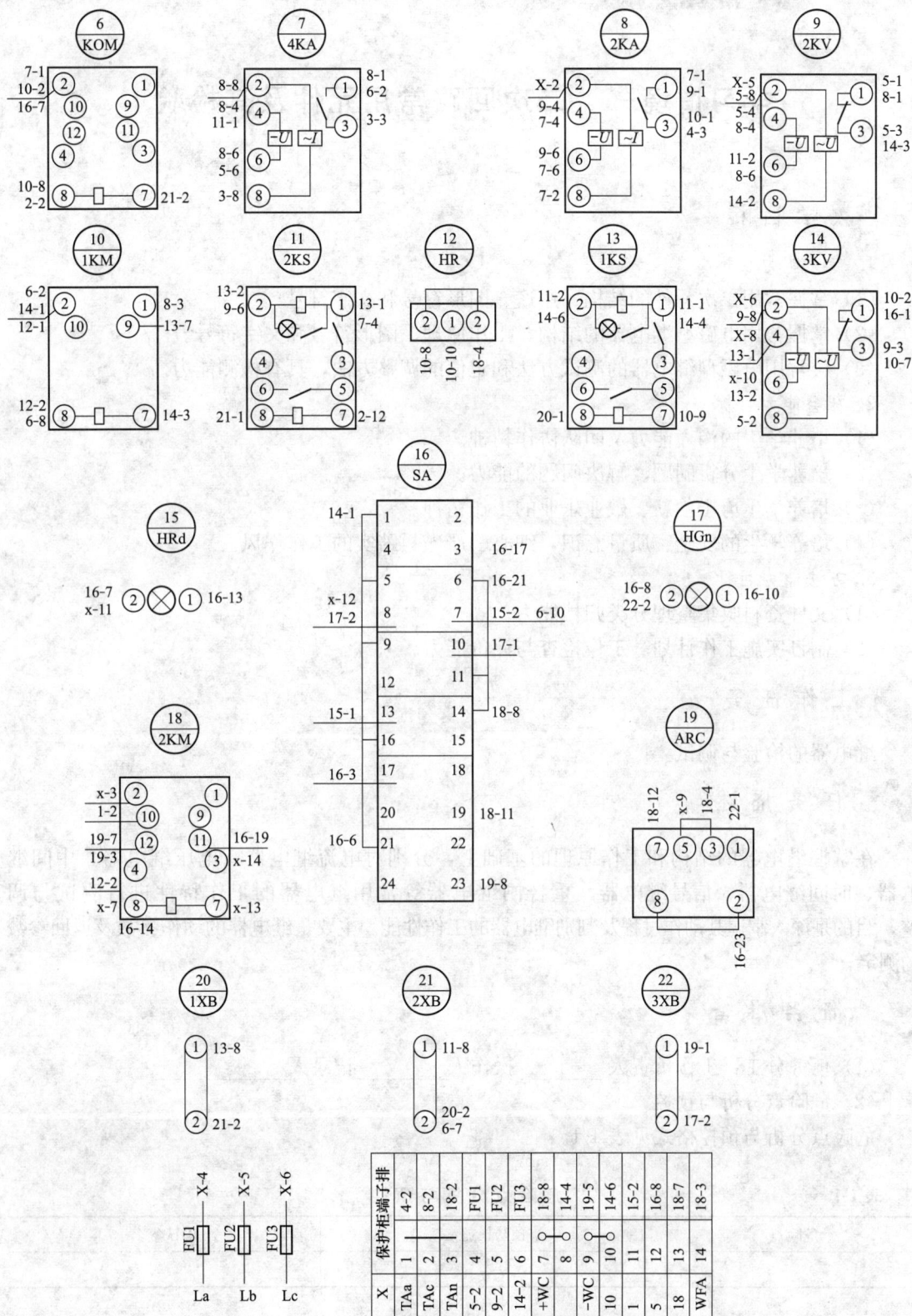

图 0-3　10kV 线路保护屏安装接线图（二）

保护柜端子排														
X	4-2	8-2	18-2	FU1	FU2	FU3	18-8	14-4	19-5	14-6	15-2	16-8	18-7	18-3
	1	2	3	4	5	6	7	8	9	10	11	12	13	14
X	TAa	TAc	TAn	5-2	9-2	14-2	+WC		-WC	10	1	5	18	WFA

学习情境一　二次回路常用元件及其检验

教学目标

1. 专业能力目标
(1) 掌握常用二次元件的结构、用途、图形符号和文字符号。
(2) 掌握常用电磁型继电器的结构、工作原理、图形符号和文字符号。
(3) 会常用电磁型继电器的测试方法和定值的调整方法，具有检测能力。
2. 社会能力目标
(1) 培养学生的沟通能力及团队协作精神。
(2) 培养学生分析问题、解决问题的能力。
(3) 培养学生勇于创新、敬业乐业的工作精神。
(4) 培养学生的安全、质量意识，细心、严谨、踏实的工作作风。
3. 方法能力目标
(1) 文件资料收集整理分类归档能力。
(2) 制订实施工作计划、工作检查与评价能力。

工作任务

继电器的检验与调试。

任务描述

在掌握继电器的结构和工作原理的基础上，分别对电流继电器、电压继电器、中间继电器、时间继电器、信号继电器、重合闸继电器等常用继电器的工作特性进行测试与调整，目的是深入掌握其动作过程及判别继电器的工作性能。主要是继电器的动作参数及返回参数的测定。

任务准备

(1) 任务分工：工作负责人_____操作人_____记录人_____
(2) 危险点分析与预控
危险点分析与预控格式见表1-1。

表 1-1 　　　　　　　　　　　　危 险 点 分 析 与 预 控

危险点	预防措施	确认签名

(3) 检验所用工具及材料。检验所用工具及材料见表1-2。

表 1-2　　　　　　　　　　　　　　检验所用工具及材料

种类	名称	规格	数量	确认
仪器仪表	测试电源车	−110～220V	1台	
	万用表		1块	
	电流表		1块	
工具	剥线钳		1把	
	圆嘴钳		1把	
	偏口钳		1把	
	套筒扳手		1套	
	螺钉旋具	十字一字	各1把	
	尖嘴钳		1把	
	盒尺	2m	1个	
材料	铝导线	BLV-2.5	20m	
	标号管	$\phi2.5$	0.5m	
图纸资料	接线图			

（4）制订测试方案。

1）绘制检测接线图。

2）按图接线。

3）制订检测步骤。

4）记录测量数据。

5）数据分析。

6）得出结论。

任务实施

按测试方案进行实施。

知识链接

单元一　二次回路概述

在发电厂和变电所，通常将电气部分分为一次回路和二次回路（一次接线和二次接线），其中的电气设备也相应地分为一次设备和二次设备。一次设备指直接生产、输送电能和分配电能的高电压、大电流的设备，又称主设备，如发电机、变压器、断路器、隔离开关、电抗器、电力电缆以及母线、输电线路等。由这些设备相互连接构成的电路称为一次接线或主接线，它是发、输、配电的主体。此外，为了保证发电厂和变电所的电气设备经济、安全运行和操作管理的方便，还需要装设一系列的辅助电气设备即二次设备，通常为低压设备，如监察测量仪表、控制及信号器具、继电保护装置、自动装置、远动装置、操作电源、控制电缆及熔断器等，由二次设备互相连接构成的电路称二次回路或二次接线。

二次回路的基本任务是反映一次回路的工作状态，控制和调整一次设备，并在一次设备发生故障时使故障部分退出工作。

二次回路是发电厂和变电所中实现安全、可靠、优质、经济地生产和输配电能不可缺少的重要组成部分。特别是随着机组容量和电力系统容量的增大及自动化水平的提高，二次回路及其设备将起着越来越重要的作用。

由于二次回路使用范围广，元件多，安装分散，为了设计、运行和维护方便，又把它分为几类：

1．按二次回路电源的性质划分

（1）交流电流回路（由电流互感器供电的全部回路）。

（2）交流电压回路（由电压互感器供电的全部回路）。

（3）直流回路（由直流电源供电的全部回路）。

2．按二次回路的用途划分

（1）操作电源回路。

（2）测量表计回路。

（3）继电保护和自动装置回路。

（4）控制和信号回路。

（5）隔离开关和断路器的闭锁回路。

单元二　二次回路常用元件

一、控制开关

控制开关又称万能转换开关，安装在主控制室的控制屏台上，通过运行人员手动操作，发出控制命令使断路器进行跳、合闸的装置。控制开关与断路器操动机构之间是通过控制电缆连接起来的。

发电厂和变电所常用的控制开关为 LW 系列自动复位的控制开关，图 1-1 以 LW2-Z 型控制开关为例说明控制开关的结构及作用。

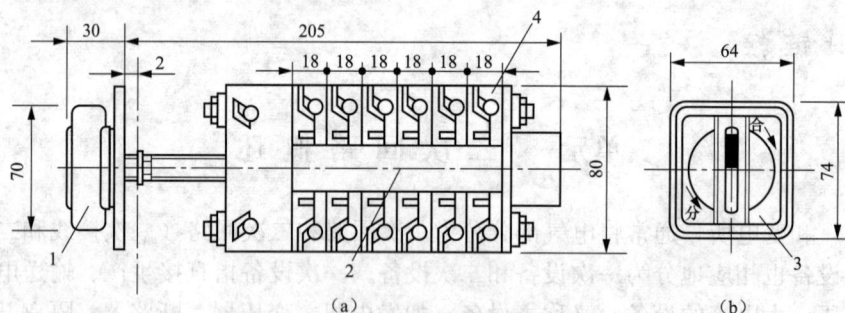

图 1-1　LW2-Z 控制开关结构

（a）控制开关；（b）控制开关左视图

1—操作手柄；2—触点盒；3—面板；4—接线端子

如图 1-1 所示，控制开关一般由操作手柄、面板和多节触点盒组成。控制开关的正面为一个操作手柄，安装于屏前，与手柄固定连接的转轴上装有 5～8 节触点盒，用螺杆相连安装于屏后。每个触点盒中都有 4 个固定触点和 1 个动触点。动触点随转轴转动，固定触点分布在触点盒的四角，盒外有供接线用的 4 个引线端子。触点盒是封闭式的，每个控制开关上所装的触点盒的节数及型式可根据设计控制回路的需要进行组合，所以这种开关又称为封闭式万能转换开关。

　　LW2 系列封闭式万能转换开关在发电厂和变电所中应用很广，除了在断路器及接触器等控制回路中用作控制开关外，还在测量表计回路、信号回路、各种自动装置及监察装置回路以及伺服电动机回路中用做转换开关。

　　表 1-3 所示为发电厂和变电所常用的双灯制控制回路的 LW2-Z-1a、4、6a、40、20、20/F8 型控制开关触点。LW2-Z 为开关型号；1a、4、6a、40、20、6a 为手柄向后依次排列的触点盒型号；斜线后的 F8 为面板及手柄型式（面板有 2 种：方形用 F 表示，圆形用 O 表示；手柄有 9 种，分别用数字 1～9 表示）。这种控制开关有 2 个固定位置（垂直和水平）和 2 个操作位置（由垂直位置再顺时针转 45°和由水平位置再逆时针转 45°），按操作顺序的先后，触点位置实际上有 6 种，即跳闸后、预备合闸、合闸、合闸后、预备跳闸和跳闸。

表 1-3　　　　LW2-Z-1a、4、6a、40、20、20/F8 型控制开关触点（背视图）

在"跳闸后"位置的手柄（前视）的样式和触点盒（后视）的动触点位置图	F8 (合/跳)	1,2,3,4	5,6,7,8	9,10,11,12	13,14,15,16	17,18,19,20	21,22,23,24
手柄和触点盒型式	F8	1a	4	6a	40	20	20

触点号位置		1-3	2-4	5-8	6-7	9-10	9-12	11-10	14-13	14-15	16-13	19-17	17-18	18-20	21-23	21-22	22-24
跳闸后	▭	—	•	—	—	—	—	—	—	—	—	—	—	—	—	—	•
预备合闸	▯	•	—	•	—	•	—	—	•	—	•	•	—	—	•	—	—
合闸	◣	•	—	—	—	•	•	—	•	•	—	•	—	—	•	—	—
合闸后	▯	—	—	—	•	—	—	•	—	•	—	—	•	—	—	•	—
预备跳闸	▭	—	•	—	•	—	—	•	—	—	—	—	•	•	—	•	—
跳闸	◣	—	•	—	—	—	—	—	—	—	—	—	—	•	—	—	•

前视 ◀———▶ 后视

　　表 1-3 左列所示手柄的 6 种位置为屏前视图，而其余右边触点盒的触点通断状况是屏后视图。触点排号为逆时针方向。表中的"·"号表示触点接通，"—"表示触点断开。

　　在发电厂和变电所的工程图中，控制开关的触点通断状况用图形符号表示，如图 1-2 所示。图 1-2 所示中 6 条水平虚线表示控制开关手柄的 6 个不同位置，C——合闸、PC——预备合闸、CD——合闸后；T——跳闸、PT——预备跳闸、TD——跳闸后。垂直线表示触点的引出线，垂直线右的黑圆点表示该对触点在此位置是接通的，否则是断开的。

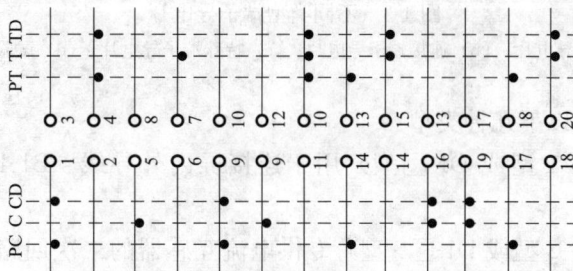

图 1-2　控制开关触点通断状况的图形符号

二、按钮

按钮是二次回路中常用元件，它可用来控制开关跳合闸，操作接触器启动和停止，试验电路是否正常，复归信号装置等。它的构造很简单，有一对动合触点和一对动断触点，常使用的有 LA2 型。

三、连接片及切换片

连接片、切换片在二次回路中用在继电保护和自动装置的投入和切除、电路的切换等场合。连接片常用的有 YY1-D 型，切换片常用的是 YY1-S 型。

四、接线端子

接线端子是二次接线中不可缺少的配件。屏内设备与屏外设备之间的连接是通过端子来连接的，通过端子进行连接可使接线清晰，接线方便，更便于试验和检修。接线端子的类型很多，常用的接线端子有 B1 和 D1 两个系列。D1 系列为全国统一设计产品，尺寸较小，分 10A 和 20A 两种。B1 系列为过去广泛使用的端子，尺寸较大，便于接线。现在还生产了多种类型的新型端子。

B1 系列和 D1 系列两种接线端子的基本结构都是由绝缘座及导电片两部分组成。绝缘座由胶木粉压制，作用是固定导电片，使两个相邻端子的导电部分互相隔离，并利用绝缘座下部的锁扣弹簧将接线端子固定在端子槽内，组成端子排。

同一系列的端子的绝缘座只有 2 种，一种是有缺口的，一种是无缺口的。有缺口的用于连接端子。导电片有 4 种类型，如图 1-3 所示。

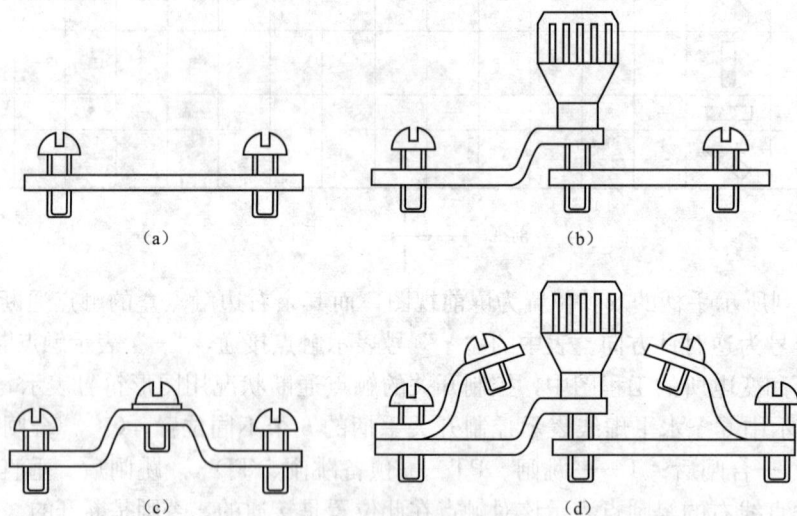

图 1-3　不同类型端子导电片
(a) 一般端子导电片；(b) 连接端子导电片；(c) 特殊端子导电片；(d) 试验端子导电片

接线端子可以分成以下几种类型：

(1) 一般端子（B1-1 型或 D1-□型）用于连接屏内外导线。B1-1 型可与 B1-4 型配合使用。

(2) 试验端子（B1-2 型或 D1-□S 型）专供电流互感器的二次回路用的。利用它可以在不切断二次回路情况下校验表计和继电器。图 1-4 所示为 B1-2 型试验端子的外形及接线。

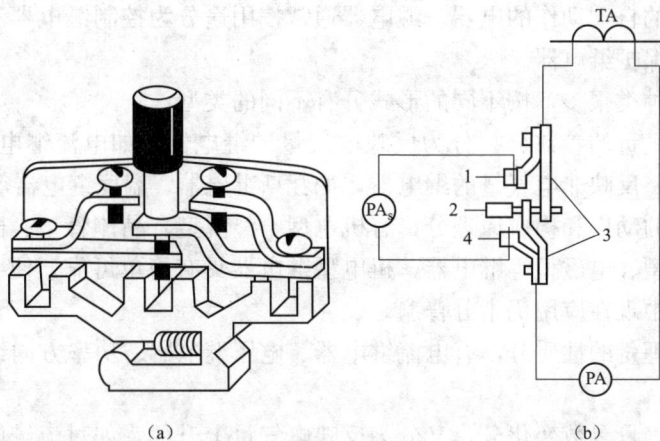

图 1-4　实验端子的外形及接线

（a）外形；（b）接线

1、4—接线螺钉；2—试验螺钉；3—导电片；

正常情况下电流互感器 TA 的二次回路中接有安装在屏上的工作电流表 PA、TA 的二次电流经电流表 PA 及端子的导电板 3 及试验螺钉 2 而流通。当需要校验电流表 PA 时，可将试验用电流表 PA$_S$ 跨接在接线螺钉 1、4 上，然后旋起试验螺钉 2，电流即同时流经电流表 PA 和 PA$_S$。校验完毕后，旋下试验螺钉 2，拆下试验用电流表 PA$_S$ 即可。

　　（3）连接端子（B1-4 型或 D1-□L1 型和 D1-□L2 型）。端子间互相连接时用。连接端子与一般端子的导电片相同，只是绝缘座在正中螺钉处多了一个缺口，利用这个缺口，可通过连接片将相邻的端子连接起来。中间螺钉是专为固定连接片用的。图 1-5 所示为连接端子外形。

　　（4）连接型试验端子（B1-3 型或 D1-□SL 型）。同时具备连接端子和试验端子的作用，用于端子上需要彼此连接的电流试验回路中。

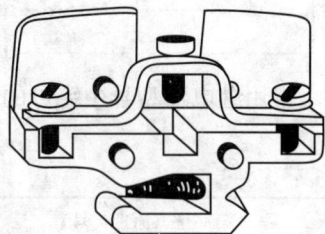

图 1-5　连接端子外形

　　（5）标准端子（B1-6 型）直接连接屏内外导线用。

　　（6）特殊端子（B1-7 型）用于需要很方便地断开的回路中。

　　（7）终端端子（B1-5 型或 D1-B 型）用于固定端子或分割不同安装单位的端子排。

　　（8）隔板（D1-□G 型）在不需要标记的情况下做绝缘隔板，并做增加绝缘强度用。

　　说明：型号中"□"表示额定电流，有 10A 和 20A 两种。如选用 10A 规格，则在"□"处以 10 代替。

五、标号牌

在工厂配线时，为了便于接线和以后的检修工作，事先将每个端子的标号打印在专用的塑料导线套上，将其套在每根导线的两端作为导线端的标志，就是标号牌。标号牌一般套在线头上使用，有塑料管、胶木做成的，目前生产一种异型塑料管，剪成一段段的使用很方便。

六、继电器

1. 继电器的作用及分类

继电器是构成继电保护装置的基本元件，它是一种当输入量达到规定值时，其电气输出电路被接通或断开的自动动作的电器。继电器通常按用途分为控制继电器和保护继电器 2 大类，本书主要介绍保护继电器。

保护继电器的种类很多，按不同的形式分有不同的类型：

（1）按反映电气量的参数分，分为反映电气量的继电器，如电流继电器、电压继电器、功率方向继电器等；反映非电气量的继电器，如瓦斯继电器、温度继电器等。

（2）按继电器的动作和构成原理分，有机电型、整流型、晶体管型、微机型等。机电型继电器又分为感应型、电磁型等继电器，机电型继电器具有简单可靠、便于维修等优点，因此在工厂供电系统中现在应用仍十分普遍。

（3）按反映物理量的性质分，有电流继电器、电压继电器、功率方向继电器、阻抗继电器、频率继电器等。

（4）按反映电气量参数变化分，又分为反映电气量上升的，如过流继电器，反映电气量下降的，如低电压继电器等。

（5）按在保护中的作用分，可分为测量继电器和辅助继电器两大类。测量继电器直接反映电气量的变化，按其反映电气量的不同，有电流继电器、电压继电器、差动继电器及频率继电器等；辅助继电器用来改进和完善保护的功能，按其作用的不同，有中间继电器、时间继电器及信号继电器等。

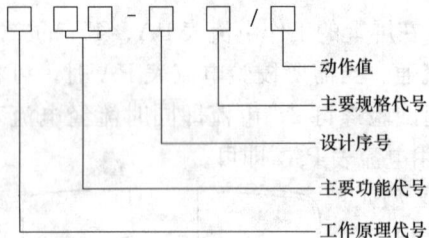

```
□□□-□□/□
       └── 动作值
    └── 主要规格代号
   └── 设计序号
  └── 主要功能代号
 └── 工作原理代号
```

2. 继电器的型号

国产保护继电器，一般用汉语拼音表示其型号，表示形式如下：

常用继电器型号中字母的含义见表 1-4。

表 1-4   常用继电器型号中字母的含义

第一位（原理代号）	第二位或第三位（功能代号）	
D——电磁型	L——电流继电器	CH——重合闸继电器
G——感应型	Y——电压继电器	ZS——延时的中间继电器
L——整流型	G——功率方向继电器	CD——差动继电器
J——极化或晶体管	S——时间继电器	ZK——阻抗继电器
Z——组合型	X——信号继电器	
W——微机型	Z——中间继电器	

例如 DL-11/10 继电器，D——电磁型；L——电流继电器；11——前面 1 表示设计序号，后面 1 表示触点形式（有一对动合触点）；10——继电器最大动作电流整定值为 10A。

单元三　常用继电器

继电器在保护回路、控制回路、信号回路和自动装置等二次回路中应用十分广泛。下面介绍几种常用的电磁型及静态型继电器。

一、电磁型电流继电器

1. 结构和工作原理

电流继电器在电流保护中作为测量及启动元件，接在电流互感器的二次侧，反映被保护元件电流的变化，当电流达到规定值时而动作。

电流保护中常采用 DL 型电流继电器，采用转动舌片式结构，电磁型电流继电器的结构和符号如图 1-6 所示。

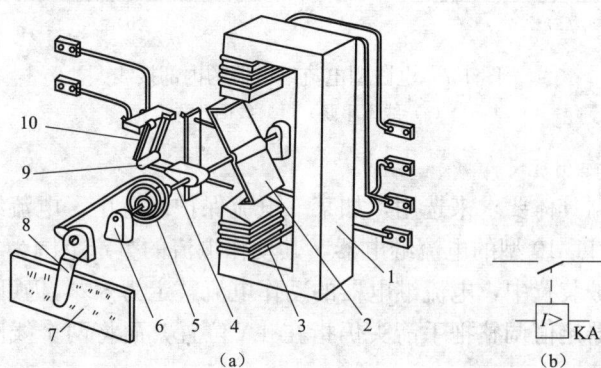

图 1-6 电磁型电流继电器的结构和符号

(a) 结构；(b) 符号

1—电磁铁；2—Z 型舌片；3—线圈；4—转轴；5—反作用弹簧；

6—轴承；7—刻度盘（铭牌）；8—整定值调整把手；9—动触点；10—静触点

其原理为当继电器电流线圈有电流通过时，在 Z 形舌片上产生电磁力矩 M_e，其大小与通入继电器线圈电流的平方成正比，当电磁力矩 M_e 大于或等于弹簧的反作用力矩 M_s（忽略轴与轴承的摩擦力矩）时，Z 形舌片转动，带动同轴的动合触点（亦称常开触点）闭合，继电器动作。当电磁力矩 M_e 小于或等于弹簧的反作用力矩 M_s 时，Z 形舌片返回到原来动作前的位置，动合触点打开，继电器返回。

2. 继电器的动作电流、返回电流、返回系数

(1) 继电器的动作电流。能够使继电器动作的最小电流称之为动作电流，用 I_{op} 表示。

(2) 继电器的返回电流。能够使继电器返回的最大电流称之为返回电流，用 I_{re} 表示。

(3) 返回系数。返回电流 I_{re} 与动作电流 I_{op} 的比值，称之为返回系数，用 K_{re} 表示：

$$K_{re} = \frac{I_{re}}{I_{op}}$$

$K_{re}=0.85\sim0.95$。如低于 0.85，继电器返回不易，超过 0.95，有可能使触点在闭合时接触压力不够，造成接触不良。

3. 动作电流的调整

电磁型电流继电器动作电流的调整方法有 2 种，即：

(1) 改变弹簧的反作用力矩，即改变调整把手的位置。当将调整把手逆时针方向旋转时，弹簧力矩变大，动作电流值增大，反之，若顺时针方向旋转时，动作电流值减小。

(2) 改变两个线圈的连接方式，即改变线圈的串并联关系。电磁型电流断电器的内部接线如图 1-7 所示，利用连接片可将线圈接成串联或并联，线圈并联较串联时动作值大一倍。刻度盘所标数值为线圈串联时的动作值。

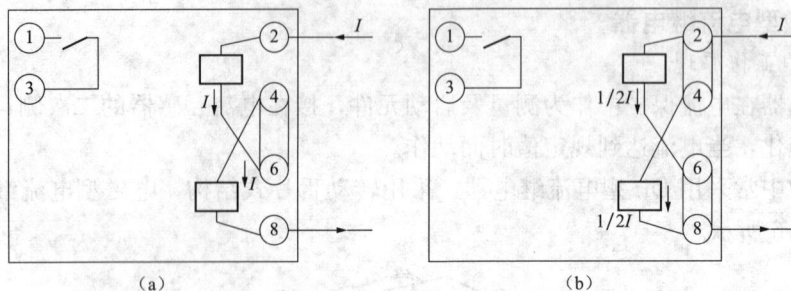

图 1-7   电磁型电流继电器的内部接线

(a) 线圈串联；(b) 线圈并联

4. 电流继电器的选用

实际应用中应根据具体要求来选用，如某一电流保护装置中，电流继电器的动作电流整定为 4A，可选用 DL-11/10 型的电流继电器，其动作电流的整定范围为 2.5～10A。

又如某一电流保护装置中，电流继电器的动作电流整定为 8A，仍可选用 DL-11/10 型的电流继电器，将继电器定值调整把手箭头仍指在 4A 位置，而将两个线圈并联，这时其整定值就为 8A。

二、电磁型电压继电器

1. 结构和工作原理

电磁型电压继电器的结构和工作原理与电流继电器基本相同，所不同的是电压继电器反

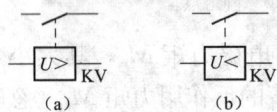

图 1-8   电压继电器符号

(a) 过电压继电器；

(b) 低电压继电器

映电压而动作，接在电压互感器的二次侧。电压继电器的线圈细、匝数多、阻抗大；电流继电器的线圈粗、匝数少、阻抗小。电压继电器的表示符号如图 1-8 所示。

2. 低电压继电器的动作电压、返回电压、返回系数

低电压继电器设有一对动断触点（亦称常闭触点），系统正常时，继电器两端所加电压为额定值，动断触点处于断开状态；当系统发生故障时，加在低电压继电器线圈上的电压下降，当降到某一定值时，动断触点闭合，称为低电压继电器的动作。若电压恢复到正常值时，动断触点又断开，称为低电压继电器的返回。

(1) 低电压继电器的动作电压。能够使低电压继电器动作的最高电压，称为低电压继电器的动作电压，用 U_{op} 表示。

(2) 低电压继电器的返回电压。能够使低电压继电器返回的最低电压，称为低电压继电器的返回电压，用 U_{re} 表示。

(3) 返回系数 $K_{re} = U_{re}/U_{op}$，对于低电压继电器，其返回值大于动作值，故 $K_{re} > 1$，通常要求 $1 < K_{re} \leqslant 1.2$。

3. 动作电压的调整

与电流继电器一样，改变调整把手的位置，可使动作电压得到连续均匀的调节；改变线圈的接法，可使动作电压改变一倍。在其他条件相同的情况下，两个线圈串联时的动作电压是两个线圈并联时的 2 倍，刻度盘所标数值为两个线圈并联时的动作值。

4. 电磁型电流、电压继电器的主要技术数据

(1) 触点容量。在电压不大于 250V，电流不大于 2A 的直流电路（时间常数为 5±

0.75ms）中为50W，或交流电路中为250VA。

（2）动作时间。当通入继电器的电流（电压）为1.2倍整定值时，不大于0.15s，3倍时不大于0.03s。低电压继电器在0.5倍整定值时，动作时间不大于0.15s。

（3）绝缘强度。导电部分对外壳的绝缘能耐受50Hz、2000V交流电压1min的耐压试验。

三、电磁型时间继电器

1. 作用及要求

时间继电器在保护中所起的作用是，为保护装置建立必要的延时。对于时间继电器在结构及性能上应满足延时动作、瞬时返回的要求。即线圈通电后，继电器的主触点不是立即闭合，而是经一段延时后闭合；对已经动作或正在动作的继电器，一旦线圈上所加电压消失，整个机构应立即返回到原始状态，不应拖延。

2. 结构及工作原理

电磁型时间继电器的结构和符号如图1-9所示。一般为螺管线圈式结构，其主要由电磁启动部分、钟表机构和触点构成。线圈通电方式有交流及直流两种。当线圈1通电后，电磁铁2产生磁场，可动衔铁3克服返回弹簧4反作用力被吸下，曲柄杠杆9被释放，钟表机构开始计时，延时主动触点11随钟表机构转动，经一定的时限与主静触点12闭合，通过调整主静触点12的位置可整定继电器动作时限的大小。线圈1断电后，主动触点11瞬时返回。

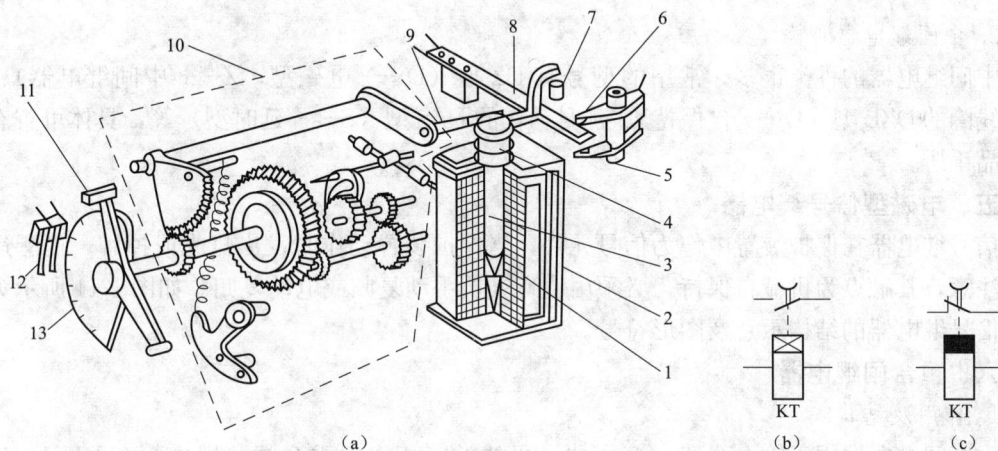

图1-9　电磁型时间继电器结构和符号

(a) 结构；(b) 带延时闭合触点的时间继电器符号；(c) 带延时断开触点的时间继电器

1—线圈；2—电磁铁；3—可动衔铁；4—返回弹簧；5、6—瞬时静触点；7—扎头；8—可瞬动触点；
9—曲柄杠杆；10—钟表机构；11—主动触点；12—主静触点；13—刻度盘

DS-100时间继电器的数字代号，第一位为设计序号；第二位表示电源种类（1——直流，2——交流）；第三位表示时间整定范围及触点规格，例如1表示动作时间整定范围为0.1~1.3s，2表示动作时间整定范围为0.25~3.5s。

四、电磁型中间继电器

1. 结构及工作原理

中间继电器在保护中的作用主要是用来增加触点的数量和容量，另外有的中间继电器还可用来实现时间继电器难以实现的短延时功能。电磁型中间继电器结构和符号如图 1-10 所示，电磁型中间继电器一般为吸引衔铁式的结构，当线圈 2 通电后，产生电磁力将衔铁 3 吸下，带动动触点与静触点闭合或打开。

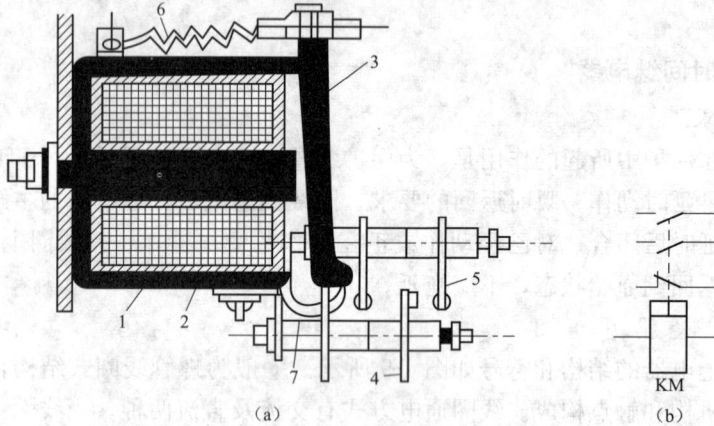

图 1-10　电磁型中间继电器结构和符号
（a）结构；（b）符号
1—电磁铁；2—线圈；3—衔铁；4—静触点；5—动触点；6—反作用弹簧；7—衔铁行程限制器

2. 中间继电器种类

中间继电器的种类很多。常用的型号有 DZ 型（D——电磁型，Z——中间继电器）、带保持线圈的 DZB 型（B——自保持）、延时动作的 DZS 型（S——延时型）等，具体可查有关的产品手册。

五、电磁型信号继电器

信号继电器在保护装置中作为信号元件，当保护装置动作时发出灯光或掉牌，提醒运行人员注意，其触点为机械自保持，必须由值班人员手动复归或电动复归。如图 1-11 所示为电磁型信号继电器的结构示意及图形符号。

六、重合闸继电器

1. 作用及结构

重合闸继电器用于输电线路、变压器及母线的三相一次重合闸装置中，有 DH-1、DH-2A、DH-3 及 DCH-1 等型号。它们都是由时间继电器 KT（包括附加电阻 R5）、带有电流自保持线圈的中间继电器 KM、电容 C、充电电阻 R4、放电电阻 R6 及信号灯 HL 和电阻 R17 组成。图 1-12 所示为 DH-3 型及 DCH-1 型重合闸继电器。DCH-1 型重合闸继电器的内部接线，如图 1-13 所示。

继电器内各元件的作用如下：

（1）时间元件 KT（SJ）。时间元件用来整定重合闸装置的动作时间，即被用来调整从装置启动到发出接通断路器合闸线圈电路的脉冲为止的延时。DH-1 型及 DH-2A 型继电器内采用 DS-112C 型时间继电器作为时间元件，DCH-1 型继电器内采用 DS-32C 时间继电器作为时间元件，DH-3 型用以代替 DH-2A 型继电器，其时间元件采用 DS-22 型时间继电器。

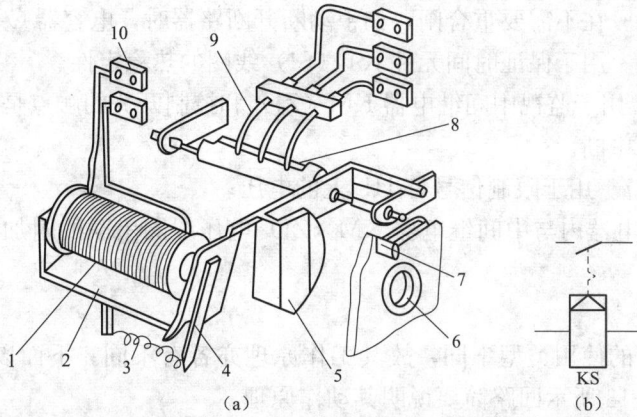

图 1-11 电磁型信号继电器的结构示意及图形符号

(a) 结构；(b) 符号

1—线圈；2—电磁铁；3—弹簧；4—衔铁；5—信号牌；

6—信号牌显示窗口；7—复位按钮；8—动触点；9—静触点；10—接线端

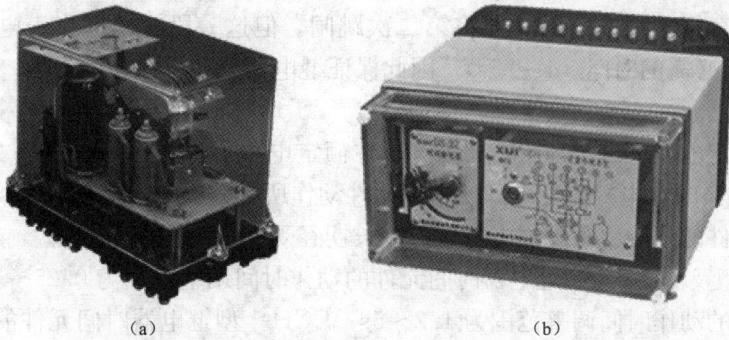

图 1-12 DH-3、DCH-1 型重合闸继电器

(a) DH-3 型；(b) DCH-1 型

(2) 中间元件 KM（ZJ）。DH 型继电器采用电码继电器，DCH-1 型继电器内采用 DZK-226 型中间继电器作为中间元件。它是装置的出口元件，用于发出接通断路器合闸线圈电路的脉冲。继电器有两个线圈，电压线圈用于中间元件的启动；电流线圈用于中间元件启动后使衔铁继续保持在合闸位置。

(3) 其他元件。

1) 电容器 C。用于保证重合闸装置只动作一次。

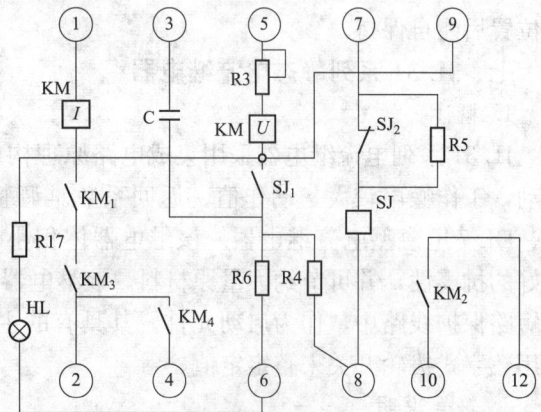

图 1-13 DCH-1 型重合闸继电器内部接线

2) 充电电阻 R4。用于限制电容器 C 的充电速度，防止一次重合闸不成功时而发生多次重合。

3）放电电阻 R6。在不需要重合闸，如手动断开断路器时，电容器 C 可通过 R6 放电。

4）附加电阻 R5。用于保证时间元件 KT（SJ）线圈的热稳定性。

5）信号灯 HL。用于监视中间继电器 KM（ZJ）和控制开关的触点是否良好。当信号灯熄灭即表示直流电源中断。

6）附加电阻 R17。用于限制信号灯 HL 上的电压。

7）DCH-1 型继电器内与中间继电器 KM（ZJ）电压线圈串联的附加电阻 R3（电位器）用于调整充电时间。

2．工作原理

由于重合闸装置的使用类型不同，故其工作原理亦各有不同。下面以 DCH-1 型重合闸继电器为例，用图 1-13 所示回路简要说明其动作原理。

当输电线路正常工作时，电容器 C 经电组 R4 已经充满电，继电器处于准备动作状态。当被保护线路发生故障后，断路器由于保护动作或其他原因跳闸，断路器的辅助触点启动继电器的时间元件 KT 延时后触点 KT2 闭合，电容器 C 通过 KT2 对中间元件 KM（U）放电，KM（U）起动后接通 KM（I）回路，并自保护到断路器完成合闸。如果线路上发生的是暂时性故障，则合闸成功，电容器自行充电，继电器重新处于准备动作状态。如果线路上存在永久性故障，则合闸不成功，断路器将第二次跳闸。但这一段时间远小于电容器充电到使 KM（U）启动所必需的时间（1～25s），因此保证继电器只动作一次。

3．技术参数

（1）直流额定电压一般为 110V、220V。在额定电压下，当环境温度为 20℃±5℃，相对湿度不大于 70％时，电容器充电到使中间元件动作所必需的时间在 15～25s 范围内。

（2）时间元件的线圈串联附加电阻后应能长期经受 110％的额定电压。

（3）DH-1 型及 DH-2A 型继电器时间元件的动作时间调整范围为 0.25～3.5s；DH-3 型继电器时间元件的动作时间调整范围为 1.2～5s；DCH-1 型继电器时间元件的动作时间调整范围为 0.5～5s。

（4）信号灯 HL 的额定电压为 24V。

（5）当中间元件的电压线圈上无电压而电流线圈中的电流为额定电流时，手动衔铁于动作位置后能自保持。

七、JL-31 系列静态电流继电器

1．概述

JL-31 系列电流继电器采用集成电路原理构成，它克服了原来电磁型电流继电器触点易抖动，工作噪声较大，动作值、返回系数难调整及运输后动作值易变等缺点，可代替 DL-30、DL-7 电磁型电流继电器。该继电器体积小、功耗低、可靠性高、抗干扰能力强，具有良好的抗震性，并可节约大量原材料。该继电器主要用于电动机、变压器和输电线的过负荷和短路保护线路中，作为启动元件。其具有的主要功能为具有动作指示信号；过电流动作；采用数字式拨轮开关来整定定值。

2．符号说明

以 JL-31A 型为例：

JL——静态电流继电器；

3——嵌入式插拔结构（1——凸出式固定结构　2——凸出式插拔结构　3——嵌入式插拔

结构);

1——触点为一对动合和一对动断（1——一对动合和一对动断 2——两对动合 3——两对动断);

A——整定范围为 0.03~9.99A（A——0.03~9.99A；B——0.1~99.9A）。

3. 静态电流继电器替代型号对照表

静态电流继电器替代型号对照见表1-5。

表 1-5 静态电流继电器替代型号对照

型号	触点方式	被替换继电器		结构形式
		型号	产地	
JL-31	一副动合一副动断	DL-31DL-32	许继	嵌入式插拔结构
JL-32	一副动合	DL-33DL-34		
JL-33	一副动断			

4. 结构与工作原理

JL-31 系列静态电流继电器采用标准的 CJ-1 壳体，前盖为透明有机玻璃罩，可以清楚地观察到产品的整定值和信号显示，取下有机玻璃盖，拨动拨轮开关，可以方便地改变动作整定值。继电器拔出机芯可以方便地进行维修，并采取嵌入式安装方式，结构形式为 A11K、A11P、A11H、A11Q，静态电流继电器外形及内部接线如图 1-14 所示。

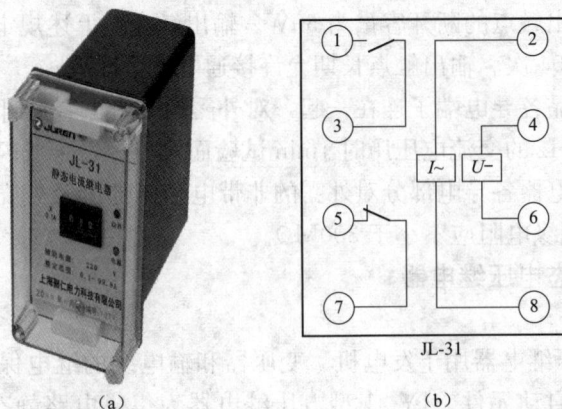

图 1-14 静态电流继电器外形及内部接线
(a) 外形；(b) 内部接线

JL-31 系列静态电流继电器采用进口集成电路构成，将被测量的交流电流 I 经变流器后，在其次级得到与被测电流成正比的电压 U_i，U_i 由整流器进行全波整流并同时整定，整定后的脉动电压经滤波后，得到与 U_i 成正比的直流电压 U_o。在电平检测器中与直流参考电压 U_e 进行比较，若电压 U_o 高于电压 U_e，电平检测器输出正信号，驱动出口继电器，则继电器处于动作状态。反之，若电压 U_o 低于电压 U_e，电平检测器输出负信号，则继电器处于不动作状态。静态电流继电器工作原理框如图 1-15 所示。

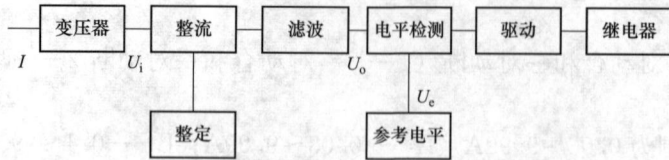

图 1-15　静态电流继电器工作原理框图

5. 动作过程

在加额定辅助电源的条件下（电流继电器面板上的绿色电源指示灯亮），当通入电流继电器线圈的电流大于或等于继电器的整定值时，电流继电器动作（电流继电器面板上的红色动作指示灯亮），动合触头闭合，动断触头断开；当通入电流继电器线圈的电流小于继电器的整定值时，电流继电器返回，触头保持原状即动合触头断开，动断触头闭合。

6. 主要技术数据

（1）辅助电源。DC 220V、110V、48V。

（2）整定误差。在基准条件下，整定值误差不超过 ±2.5%；一致性不大于整定范围的 1.5%。

（3）返回系数。在基准条件下，任一整定点的返回动作值不小于 0.9。

（4）动作时间。1.1 倍整定值动作时间不大于 25ms。

（5）返回时间。0.5 倍整定值返回时间不大于 27ms。

（6）功率消耗。交流回路功耗小于 2VA；直流回路功耗小于 5W。

（7）触点容量。在电压不超过 250V，电流不超过 5A，时间常数为 $5\pm0.75ms$ 的直流有感负荷电路中，产品输出触点的断开容量为 50W。输出触点在上述规定的负荷条件下，产品能可靠动作及返回 5×104 次。输出触点长期允许接通电流为 5A。

（8）介质强度。产品各导电端子连在一起，对外露的非带电金属部分或外壳之间，能承受 2000V（有效值）50Hz 的交流电压历时 1min 试验而无绝缘击穿或闪络现象。

（9）绝缘电阻。继电器各导电部分对外露的非带电金属部分及外壳之间，用开路电压为 500V 的仪器测定，其绝缘电阻应不小于 300MΩ。

八、JY-31 系列静态电压继电器

1. 概述

JY-31 系列静态电压继电器用于发电机、变压器和输电线的继电保护装置中，作为过电压保护或低电压闭锁的启动元件。JY-31 型电压继电器为集成电路静态型继电器，精度高、功耗小、动作时间短、返回系数高、整定直观方便、范围宽，且作为低电压继电器使用无抖动现象，在提供辅助电源后完全可以替代电磁型电压继电器。继电器采用拨码开关整定电压值，用倍率开关切换，改变整定值无需校验且整定范围宽。

2. 符号说明

以 JY-31B/C 型为例：

JY——静态电压继电器；

3——嵌入式插拔结构（1——凸出式固定结构 2——凸出式插拔结构 3——嵌入式插拔结构）；

1——触点为一对动合和一对动断（1——一对动合和一对动断 2——两对动合 3——两

对动断）；

　　B——电压整定范围（A——0.5～99.5V　B——40～439V　C——25～99.5V）；

　　C——低电压继电器。

3. 结构与工作原理

静态电压继电器外形及内部接线如图 1-16 所示。

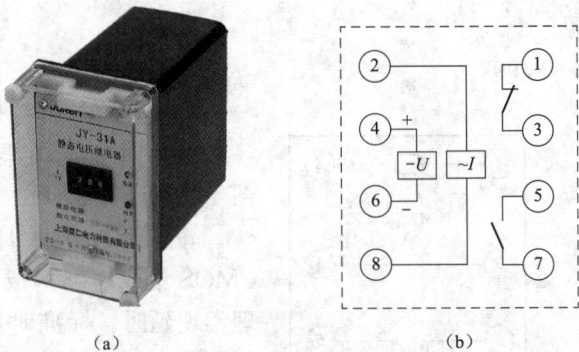

图 1-16　静态电压继电器外形及内部接线

(a) 外形；(b) 内部接线

　　继电器通过端子②、⑧［如图 1-16 中（b）所示］输入电压量，经隔离采样整流滤波后与基准电位比较，并将其信号送到驱动回路，出口继电器动作，并显示信号。继电器的整定值是指线圈并联时的动作值，线圈串联时动作电压增加一倍。静态电压继电器工作原理框图如图 1-17 所示。

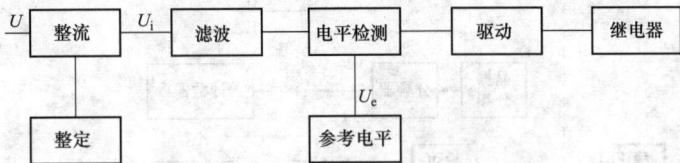

图 1-17　静态电压继电器工作原理框图

4. 动作过程（低电压继电器）

　　在加额定辅助电源的条件下（电压继电器面板上的绿色电源指示灯亮），当加在电压继电器线圈的电压大于或等于继电器的整定值时，电压继电器返回，动合触头闭合，动断触头断开，当加在电压继电器线圈的电压小于继电器的整定值时，电压继电器动作（电压继电器面板上的红色动作指示灯亮），触头保持原状即动合触头断开，动断触头闭合。

九、JSS-31A 静态时间继电器

1. 概述

　　JSS（或 SSJ）系列集成电路时间继电器用于电力系统二次回路继电保护及自动控制回路中，作为延时装置，使被控元件得到所需延时。SSJ 系列静态型继电器具有精度高、功耗小、整定直观方便、范围宽等优点。产品分 3 个系列，分别是 SSJ-10、SSJ-20、SSJ-30，其结构

分别更换取代 DS-100、DS-20、DS-30 等电磁式继电器。

2. 符号说明

以 JSS-31A 型为例：

JSS——静态数显时间继电器；

3——嵌入式插拔结构（1——凸出式固定结构；2——凸出式插拔结构；3——嵌入式插拔结构）；

1——直流工作电源；

A——单延时 0.02～9.99s。

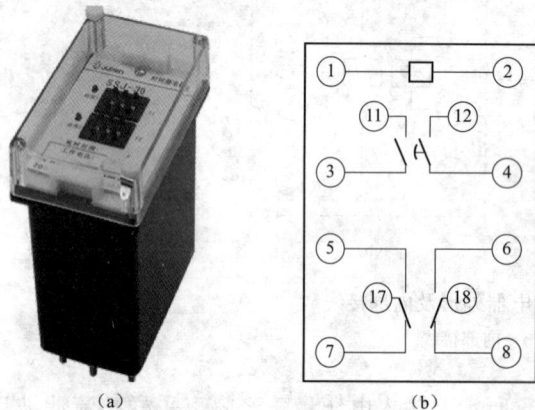

图 1-18　静态时间继电器外形及内部接线
（a）外形；（b）内部接线

3. 结构与工作原理

静态时间继电器外形及内部接线如图 1-18 所示。

静态型数字式时间继电器采用进口 CMOS 集成电路构成，利用分频、计数原理实现延时。标准时钟脉冲由石英晶体振荡器产生。继电器一旦施加额定电压，内部瞬动继电器动作并出口，同时使晶体起振，产生时钟脉冲，经分频后计数器计数，当所计脉冲数达到延时整定值时，触发器翻转，驱动执行继电器动作出口。静态时间继电器原理框如图 1-19 所示。

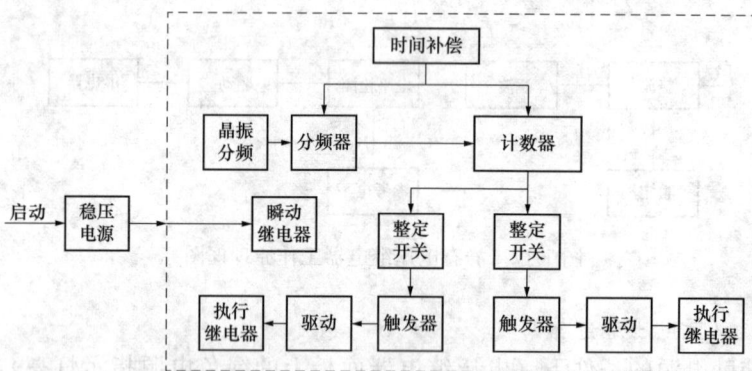

图 1-19　静态时间继电器工作原理框图

4. 动作过程

在加额定辅助电压的条件下，当时间继电器的线圈得电时，瞬时触点动作（动合触点闭合，动断触点断开），时间继电器开始延时（继电器面板上的绿色电源指示灯亮），延时时间一到，延时触点动作（通电延时的动合触点闭合，同时继电器面板上的动作指示红灯亮），当时间继电器的线圈失电时，时间继电器的所有触点返回原状（时间继电器线圈不得电的触点状态，即图 1-8 中画出的状态）。

5. 主要技术数据

（1）动作电压。

1) 输入为直流时，继电器的动作电压为（60%～70%）额定值，小于 50% 额定值可靠不动作。

2) 输入为交流时，继电器的动作电压为（60%～80%）额定值，小于 50% 额定值可靠不动作。

（2）返回电压。

1) 输入为直流时，继电器的返回电压应不小于 10% 的额定值。

2) 输入为交流时，继电器的返回电压应不小于 15% 的额定值。

（3）延时一致性在基准条件下。

1) 输入为直流时，一致性不大于（0.1% 整定值＋3ms）。

2) 输入为交流时，一致性不大于（0.1% 整定值＋10ms）。

（4）延时整定误差在基准条件下。

1) 输入为直流时，整定误差不大于（0.1% 整定值＋3ms）。

2) 输入为交流时，整定误差不大于（0.1% 整定值＋10ms）。

（5）返回时间在基准条件下。

1) 输入为直流时，返回时间不大于 20ms。

2) 输入为交流时，返回时间不大于 25ms。

功耗在额定电压下，继电器功率消耗不大于 10W。

（6）触点性能。在电压不超过 250V，电流不超过 1A，时间常数为 5ms±0.75ms 直流电路中，断开容量为 30W；在电压不超过 250V，电流不超过 5A，功率因数为 $\cos\varphi = 0.4 \pm 0.1$ 的交流电路中，断开容量为 250VA。继电器的电寿命为 104 次。

（7）工作条件。

1) 使用地点不允许有爆炸危险的介质，周围介质中不含有腐蚀金属和破坏绝缘的气体及导电介质，不允许充满水蒸气和有较严重的霉菌存在。

2) 使用地点不允许有较强的振动和冲击。

3) 使用地点应具有防御雨、雪、风、沙的设施。

4) 使用地点不允许超过 1.5mT 的外磁感应强度。

（8）介质强度。继电器各导电路对外露的非带电金属部分及外壳之间，应能承受 2kV（有效值），输入电路对触点之间应能承受 1kV（有效值），50Hz 的交流试验电压，历时 1min 试验，而无绝缘击穿及闪络现象。

（9）抗干扰性能。继电器应能承受频率为兆赫兹级的衰减震荡波，第一个半波电压幅值共模为 2.5kV，差模为 1kV 的试验电压，继电器不应误动或拒动。

6. 使用方法

动作时间整定由独立的两组三位 8421 码拨盘开关和一位 DIP 五挡小开关相互配合而成，其整定公式为：

$$t = kT(\text{s})$$

式中　k——DIP 五挡小开关的整定系数；

　　　T——拨盘开关的整定数字；

　　　t——整定时间，s。

例如：k 为 0.01，T 为 357s，则整定时间为 $0.01 \times 357 = 3.57$（s）。

十、JX-31A 静态信号继电器

1. 概述

JX-31A 是高精度集成式信号继电器，广泛应用于直流操作的继电保护和自动控制线中，作为故障动作的信号指示。继电器由电流或电压动作，灯光信号，磁保持，手复归或电复归。可靠性好，可替代原有的 DX-11，DX-11A 系列电磁型信号继电器。具体优点为：

（1）具有电动复归及手复归功能，可以很好地实现无人值班的要求。

（2）电流启动规格覆盖面大，可以用一种规格取代原来从 0.01～2A 的几十种规格，极大地有利于设计、选型采购。

（3）动作速度快，克服了原电磁继电器动作慢的缺陷，或动作时机械结构卡死现象。

（4）具有磁保持记忆功能。

（5）带有多组动合触点可以满足信号指示及远传要求。

（6）具有多种外壳形式及端子接线，可完全替代 DX-30 系列，DX-8、DX8G 系列，DXM-2A 系列，DX-11、11A 系列。

（7）该继电器可随意接入 LED 光字牌或白炽灯光字牌。

（8）动作指示信号鲜明，寿命长。

（9）为了便于分析事故，设有二次动作指示的继电器。

2. 符号说明

以 JX-31A 型为例：

JX——静态信号继电器；

3——嵌入式插拔结构；

1——直流；

A——启动电流 0.01～2A。

3. 静态信号继电器和替代型号对照表

静态信号继电器和替代型号对照见表 1-6。

表 1-6　　　　　　　　　　静态信号继电器和替代型号对照

序号	本继电器型号	被代换型号
1	JX-11、12	DX-11、DX11A
2	JX-21、22	DX-8
3	JX-31、32	DX-31B、31A

4. 动作过程

在加额定辅助电源的条件下（信号继电器面板上的绿色电源指示灯亮），当信号继电器的启动线圈得电时，触点动作，同时继电器发出掉牌信号（信号继电器面板上的掉牌信号红灯亮），当信号继电器的启动线圈失电时，信号继电器面板上的掉牌信号红灯继续保持亮灯状态，直到手动复归（按信号继电器面板上的黑色按钮）为止。

5. 结构与工作原理

静态信号继电器采用标准的 A11 壳体，前盖为透明有机玻璃罩，可以清楚地观察到信号显示，取下有机玻璃盖，拔出机芯可以方便地进行维修，有嵌入式、凸出式（前接线和后接线）和拼块式安装，结构形式为 A11K、A11P、A11H、A11Q，静态信号继电器外形及内部

接线如图 1-20 所示。

工作原理：

继电器由光电耦合器和电阻等器件组成采样检测回路。当被测信号到达一定值时，光耦开通，开通信号经一个运算放大器放大，推动后级出口回路，使出口继电器动作。并由自保持回路进行自保持，在启动回路信号消失后继电器依然处于动作状态，只有在按下复归按钮或在复归端施加复归电压后，继电器方可返回。静态信号继电器工作原理框如图 1-21 所示。

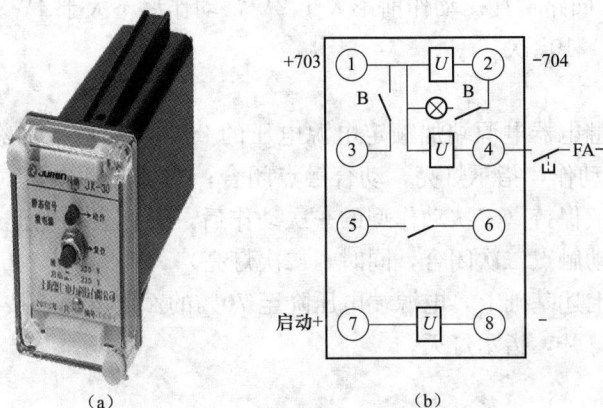

图 1-20　静态信号继电器外形及内部接线

(a) 外形；(b) 内部接线

图 1-21　静态信号继电器工作原理框

6. 主要技术参数

(1) 启动额定值。

1) 电流型 DC0.01～2A 通用。

2) 电压型 DC220、110、48V。

(2) 电源电压与复归电压额定值 DC220、110、48V。

(3) 动作值。

1) 电流型动作值不大于 90% 的额定电流；

2) 电压型动作值不大于 70% 的额定电压。

(4) 复归值。继电器的复归值不大于 70% 的复归电压额定值。

(5) 动作时间。在额定工作状态下，不大于 10ms。

(6) 触点断开容量。

1) 在电压不大于 250V，电流不大于 2A 的直流有感电路中（t＝5ms±0.75ms）触点断开容量不小于 30W。

2) 在电压不大于 250V，电流不大于 1A 的交流电路中（cosφ＝0.4±0.1），触点断开容量不小于 60VA。

（7）热稳定性。

1）电压启动型可长期加 110% 的启动额定值。

2）电流启动型可长期加 1.2 倍的额定值。

（8）介质强度。继电器各导电端子连在一起对底座安装点之间，应能耐受 2kV（有效值）、50Hz 的交流电压、1min，无绝缘击穿或闪络现象。

（9）功率消耗。

1）启动回路。电流型不大于 1W，电压型不大于 3W，带瞬动触点的不大于 3.5W。

2）直流电源电压回路功耗。动作前不大于 2W，动作后不大于 4W。

（10）电寿命为 1×10^4 次。

7. 调试参数

（1）动作值。在继电器电源端加额定电源电压的 80%，启动端加额定电流的 90%（电压型为 70%）继电器动作，指示灯亮，动合触点闭合；去掉启动电流（电压），带瞬动的触点打开，其余触点继续保持（二次动作型的一次动作后，去掉启动电流或电压后，再突加启动电流或电压，则瞬动触点二次闭合，同时，二次灯亮）。

（2）复归值。在上述基础上，电源端电压降至 70% 的额定电压，按下手动复归按钮，继电器复归。动合触点打开，指示灯灭。

单元四　继电器的检验与调试

一、电磁型电流继电器、低电压继电器检验

1. 目的

（1）观察电磁型电流继电器、低电压继电器的结构。

（2）掌握电磁型电流继电器、低电压继电器的动作值、返回值的检验方法。

2. 仪器、仪表

电磁型电流、电压继电器、电流表、电压表、滑线变阻器、开关等。

3. 训练内容

（1）观察电磁型电流继电器、低电压继电器的结构。

（2）电磁型电流继电器、低电压继电器动作值、返回值的检验与调整。

4. 电磁型电流继电器检验

（1）电磁型电流继电器实验电路如图 1-22 所示。

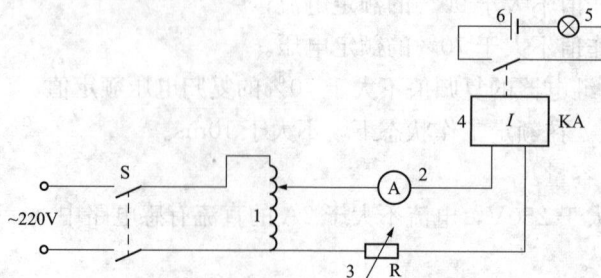

图 1-22　电磁型电流继电器实验电路

1—自耦调压器；2—电流表；3—可调电阻器；4—电流继电器；5—信号灯

（2）实验步骤与方法。

1）按实验电路接线，将调压器指在零位，限流电阻调到阻值最大位置。

2）将继电器线圈串联，整定值调整把手置于最小刻度，根据整定电流选择好电流表的量程。

3）动作电流的测定。先经老师检查无问题后，合上开关S，调节调压器及滑线变阻器使回路中的电流逐渐增加，直至动合触点刚好闭合（灯亮）为止，此时电流表的指示值即为继电器在该整定值下的动作电流值，记录电流表的指示值于表1-7中。动作值与整定值之间的误差$\Delta I\%$不应超过继电器规定的允许值。

4）返回电流的测定。先使继电器处于动作状态，然后缓慢平滑地降低通入继电器线圈的电流，使动合触点刚好打开（灯熄灭）为止，此时电流表的读数即为继电器在该整定值下的返回电流值，将电流表的指示值记录在表1-7中。

5）每一整定值其动作电流、返回电流应重复测定3次取其平均值，作为该整定点的动作电流和返回电流。

6）将继电器调整把手放在其他刻度上，重复3）、4）、5）步骤测得继电器在不同整定值时的动作电流和返回电流值，将实验数据填入表1-7中。

7）将继电器线圈改为并联，重复（3）、（4）、（5）步骤，检测在其他整定值时的动作电流和返回电流值。

（3）实验数据记录于表1-7中。

（4）注意事项。

1）继电器线圈有串联及并联两种连接方法，刻度盘所标刻度值为线圈串联时的动作整定值，并联使用时，其动作整定值为刻度值的2倍。

2）读取数据要准确，动作电流是使继电器动作的最小电流值。返回电流是使继电器返回触点断开的最大电流值。

3）在检测动作电流或返回电流时，要平滑单方向调整电流数值。

4）实验完毕应将调压器调至零位，然后断开电源开关。

表1-7　　　　　　　　　　　　　　　实　验　数　据

序号	线圈连接	动作电流（A）						返回电流（A）						返回系数
		整定值	测量值			平均	$\Delta I\%$	整定值	测量值			平均	$\Delta I\%$	
			1	2	3				1	2	3			
1	串联	最小												
2		中间												
3		最大												
4	并联	最小												
5		中间												
6		最大												

5. 电磁型低电压继电器检验

（1）电磁型电压继电器实验电路如图1-23所示。

（2）实验步骤与方法。

1）按实验电路接线，将调压器指在零位，电池指示灯4应亮灯。

2）将继电器线圈并联，整定值调整把手置于最小刻度，根据整定电压选择好电压表的量程。

3）动作电压的测定。经查线无问题后，合上开关 S，调节调压器使回路中的电压逐渐增加，先使动断触点打开（灯灭），模拟正常工作状态，然后缓慢平滑地降低加在继电器线圈两端的电压，使动断触点刚好闭合（灯亮）为止，此时电压表的读数即为该低电压继电器在该整定值下的动作电压值，将电压表的指示值记录在表 1-8 中。动作值与整定值之间的误差 $\Delta U\%$ 不应超过继电器规定的允许值。

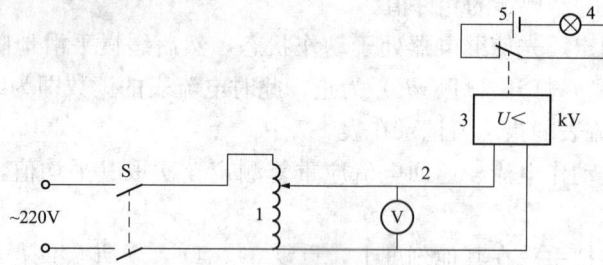

图 1-23　电磁型电压继电器实验电路
1—自耦调压器；2—电压表；3—电压继电器；4—指示灯；5—电池

4）返回电压的测定。先使继电器处于动作状态，然后缓慢平滑地升高通入继电器线圈的电压，使动断触点刚好打开（灯熄灭）为止，此时电压表的读数即为继电器在该整定值下的返回电压值，记录电压表的指示值于表 1-8 中。

5）每一整定值其动作电压、返回电压应重复测定 3 次取其平均值，作为该整定点的动作电压和返回电压。

6）将继电器调整把手放在其他刻度上，重复3）、4）、5）步骤测得继电器在不同整定值时的动作电流和返回电流值，将实验数据填入表 1-8 中。

7）将继电器线圈改为串联，重复3）、4）、5）步骤，检测在其他整定值时的动作电压和返回电压值。

（3）实验记录。

实验记录见表 1-8。

表 1-8 　　　　　　　　　　　　　　实　验　记　录

序号	线圈连接	动作电压（V）				返回电压（V）			返回系数
		整定值	测量值	平均	$\Delta U\%$	测量值	平均	$\Delta U\%$	
1	串联	最小							
2		中间							
3		最大							
4	并联	最小							
5		中间							
6		最大							

（4）注意事项。

1）在检测动作电压或返回电压时，要平滑单方向调整调压器。

2) 实验完毕应将调压器调至零位，然后打开电源刀开关 K。

6. 定值的调整

(1) 返回系数的调整。返回系数不满足要求时应予以调整，影响返回系数的因素较多，如轴尖的光洁度、轴承清洁情况、静触点位置等，但影响较显著的是舌片端部与磁极间的间隙和舌片的位置。返回系数的调整方法有以下 3 种：

1) 改变舌片的起始角和终止角。调整继电器左上方的舌片起始位置限制螺杆，以改变舌片起始角，舌片起始位置离开磁极的距离越大，返回系数越小，反之，返回系数越大。

调整继电器右上方的舌片终止位置限制螺杆，以改变舌片终止角，舌片终止位置与磁极的间隙越大，返回系数越大，反之，返回系数越小。

2) 不改变舌片的起始角和终止角，而变更舌片两端的弯曲程度以改变舌片与磁极间的距离，也能达到调整返回系数的目的。该距离越大返回系数也越大，反之返回系数越小。

3) 适当调整触点压力也能改变返回系数，但应注意触点压力不宜过小。

(2) 动作值的调整。

1) 继电器的调整把手在最大刻度值附近时，可调整左上方的舌片起始位置限制螺杆。当动作值偏小时，使舌片的起始位置远离磁极，反之则靠近磁极。

2) 继电器的调整把手在最小刻度值附近时，主要调整弹簧，以改变动作值。

3) 适当调整触点压力也能改变动作值，但应注意触点压力不宜过小。

二、电磁型时间继电器检验

1. 目的

(1) 观察电磁型时间继电器的结构。

(2) 掌握电磁型时间继电器的动作值、返回值及动作时间的检验方法。

2. 仪器、仪表

电磁型时间继电器、电压表、401 电秒表、滑线变阻器、刀开关等。

3. 时间继电器动作电压、返回电压及动作时间的检验

(1) 实验电路。电磁型时间继电器实验电路如图 1-24 所示。

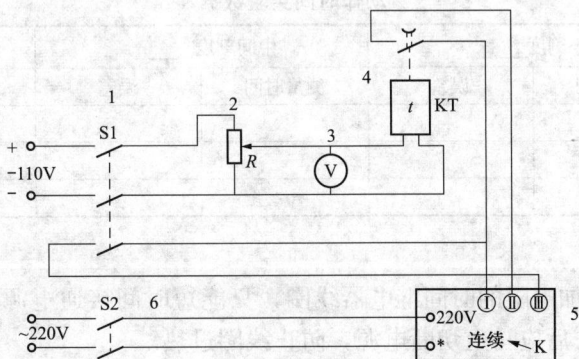

图 1-24　电磁型时间继电器实验电路

1—三极刀开关；2—可变电阻；3—电压表；4—时间继电器；5—401 电秒表；6—双极刀开关

(2) 实验步骤及方法。

1) 按实验电路接线。

2）动作电压的检验。开始时调节可变电阻 R 使输出电压为零，然后合 S1 刀开关，调节可变电阻 R 使输出电压逐渐上升直至衔铁被完全吸入为止，保持此电压，然后断开 S1 刀开关接着再合上（给继电器加入一冲击电压），如果衔铁很快被吸入，应降低电压后重复做冲击合闸，若衔铁吸入仍然较快，则应继续降低电压，直至衔铁刚好被吸入的最低电压即为时间继电器的动作电压。要求测 3 次取平均，其值应不大于 70% 的 U_N，将实验数据记录于表 1-9 中。

3）返回电压的检验。合 S1 刀开关，调节可变电阻 R 将电压升至额定值后，缓慢降低电压直至使衔铁返回原位的最高电压为继电器的返回电压，将实验数据记录于表 1-9 中。要求测 3 次取平均值，其值应不小于 5% 的 U_N。

4）动作时间的检验。

将继电器的延时静触点整定在最小刻度，电秒表指针复归为零。合 S1 刀开关，调节可变电阻 R 使加于继电器的电压为额定电压，断开 S1 刀开关，然后只合 S2 刀开关，使电秒表同步微型电机空转数秒钟后再合 S1 刀开关，电秒表记录的时间即为继电器的动作时间，将数据记录于表 1-9 中。

将继电器静触点整定在中间任一刻度和最大刻度，重复以上步骤，读取各整定点的动作时间，将数据记录于表 1-10 中。要求每一整定时间测量 3 次，每次测量值与整定值之差不应超过允许误差。

（3）实验数据。

1）动作电压和返回电压实验数据见表 1-9。

表 1-9　　　　　　　　　　　动作电压和返回电压实验数据

动作电压（V）					返回电压（V）				
1	2	3	平均	U_{op}/U_N	1	2	3	平均	U_{re}/U_N

2）动作时间实验数据见表 1-10。

表 1-10　　　　　　　　　　　　动作时间实验数据

	最小刻度_____s		中间刻度_____s		最大刻度_____s	
次数	测量时间	误差	测量时间	误差	测量时间	误差
1						
2						
3						

（4）注意事项。

1）对于不带有附加电阻的时间继电器线圈，只能短时间接通电源（不超过 30s），因此在实验中，继电器动作后应马上切断电源，防止线圈过热。

2）使用 401 型电秒表应注意以下几点：

a. 为使所测数据准确，用电秒表测时间前，应先接通电源使其微型同步电动机空转数秒，达同步转速后再使用。

b. 每次使用前复归回零，以防累计误差。

c. 401 型电秒表的 I、II 或 I、III 两对触点接通时间不得超过 15min。

3）注意仪表的极性和量程。

三、DH-3 型重合闸继电器检验

1. 目的

（1）熟悉电磁型重合闸继电器的结构，内部接线及各元件的作用。

（2）观察重合闸继电器的动作过程及现象。

2. 实验设备、仪器

（1）DH-3 型重合闸继电器（如图 1-25 所示）1 只。

（2）双极刀开关 3 个。

（3）滑线变阻器 2 只。

（4）401 电秒表 1 块。

（5）电流表、电压表各 1 块。

3. 实验电路

DH-3 型重合闸继电器实验电路如图 1-26 所示。

图 1-25 DH-3 型重合闸
继电器

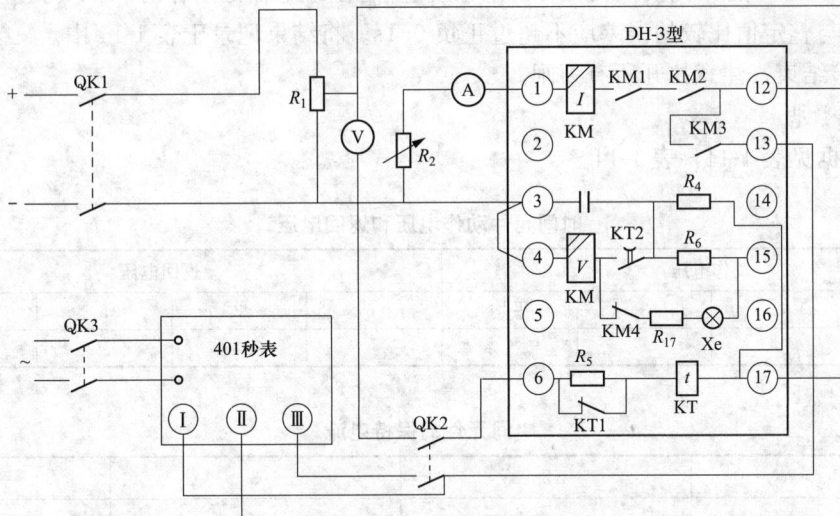

图 1-26 DH-3 型重合闸继电器实验电路

4. 实验步骤与方法

（1）按实验电路接线，合上刀开关 QK1，调整 R_1 使加到继电器的电压为额定值，经 20s 左右，指示灯 Xe 应发亮。

（2）时间元件动作电压和返回电压的检验。合 QK1、QK2 刀开关，调 R_1，改变加到 KT 继电器线圈上的电压值，使继电器动作及返回。具体实验方法同 DS 型时间继电器。

要求动作电压应不大于 70％的额定电压，返回电压应不小于 5％的额定电压。实验应重复 3 次，将结果记录于表 1-11 中。

（3）中间元件保持电流的检验。中间元件为电压启动，电流保持的中间继电器。

1）用手按中间元件 KM 衔铁于动作位置，调整 R_1 使加到继电器的电压为额定值。

2）减小 R_2 阻值，使流过 KM 电流线圈的电流略低于 0.9 倍的额定电流，然后松开手，测出使继电器保持住的最小电流，要求测 3 次取平均值作为中间元件的保持电流，其数值要

求为 60%～90% 的额定电流。实验应重复 3 次，将结果记录于表 1-12 中。

（4）电容器充电时间及放电情况的检验。

1）合刀开关 QK1，调 R_1 加额定电压，调 R_2，给保持回路通入略低于 0.9 倍的额定电流，拉开 QK1 刀开关。

2）合 QK1 刀开关，这时看秒表计时，经 15～25s 后（若重合闸时间整定值大于 1s 时，应减去整定时间），合上 QK2 刀开关，中间元件 KM 应能可靠动作并且保持住。

3）实验后，先拉开刀开关 QK1，再拉开刀开关 QK2，以保证电容器在放电状态，重复测定充电时间。实验应重复 3 次，将结果记录于表 1-13 中。

若充电时间不符合要求，应检查充电电阻，电容器是否良好。

4）在额定电压下，投入开关 QK1，充电 60s 后，瞬间短接③、⑥端子，使电容器 C 放电，然后投入开关 QK2，此时中间元件不应动作。

（5）重合闸继电器动作时间的检验。

1）先将 QK1、QK3 刀开关投入，给电容器充电。

2）经 15～25s 后，再投入 QK2 刀开关，测重合闸继电器的动作时间，实验应重复 3 次，每次实测值与整定值比较的误差应不超过正负 0.1s。将结果记录于表 1-14 中。

3）实验结束，注意拉开所有刀闸。

5. 实验数据

实验数据见表 1-11～表 1-14。

表 1-11　　　　　　　　时间元件动作电压和返回电压　　　　　　　　V

动作电压				返回电压			
1	2	3	平均	1	2	3	平均

表 1-12　　　　　　　　中间元件的保持电流　　　　　　　　mA

1	2	3	平均

表 1-13　　　　　　　　电容器的充电时间　　　　　　　　s

1	2	3	平均

表 1-14　　　　　　　　重合闸继电器动作时间

	整定时间 _____（s）			
	1	2	3	平均
测量值（s）				
误差（s）				

四、常用图形符号

常用图形符号见表 1-15～表 1-18。

表 1-15　　　　　　　　　　电气二次回路常用图形符号和文字符号新旧对照

名称		新标准		旧标准	
		图形符号	文字符号	图形符号	文字符号
控制器或操作开关		与右边符号相同	SA		ZK
限位开关	常开触点		SL		XWK
	常闭触点		SL		XWK
	复合触点		SL		XWK
按钮	启动按钮		SBST		QA
	停止按钮		SBSS		TA
	复合按钮		SB		A；AN
接触器	线圈		KM		C
	动合触点		KM		C
	动断触点		KM		C
	带灭弧装置的动合触点		KM		C
	带灭弧装置的动断触点		KM		C
热继电器	热继电器		KTH		RJ
	热元件		KTH	或	RJ
	常闭触点		KTH		RJ
电磁铁			YA		CT
接插器（插头，插座）			XP，XS		CZ

名称	新标准		旧标准	
	图形符号	文字符号	图形符号	文字符号
熔断器		FU		TD；RM
信号（指示）灯		HL（PL）		ZSD
单相电压互感器	或	TV	或	YH
单相电流互感器	或	TA	或	LH
避雷器		F	或	RL
电容器		C		C
带铁心的电感器 铁心有间隙的电感器 电感器（线圈）		L		L
电阻器		R		R
滑线变阻器		R		R
滑动触头电位器		RP		RW，W
母线（汇流排）		W，WB		M
接地一般符号		E		
开关一般符号	或	Q		K
晶体二极管		V，VD	或	D
晶体三极管（PNP 型） 晶体三极管（NPN 型）		V，VT		D
晶闸管（可控硅）		V，VTH		SCR，K2L KGZ

续表

名称		新标准		旧标准	
		图形符号	文字符号	图形符号	文字符号
稳压管		▷	V，VS	 ▶	DW
单结晶体管			V，VSJ	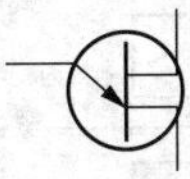	OJT
桥式整流器		◇▷	VR	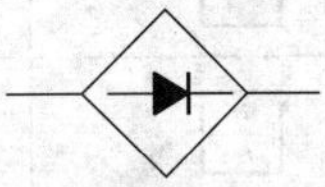 ◇▶	ZL
蓄电池		⊣⊢	GB	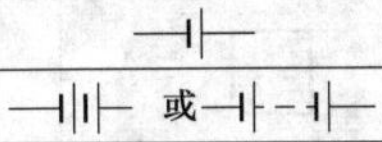 ⊣⊢	XDC
蓄电池组				⊣⊦⊦⊢ 或 ⊣⊢⊣⊢	
指示仪表（举例）	电压表	Ⓥ	PV	Ⓥ	V
	功率表	Ⓦ	PW	Ⓦ	W
记录功率表		[W]	PW		
积算仪表，电能表		[Wh]	PJ		
光字牌（单或双）		 ⊗ 或 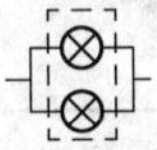 ⊗⊗	HR	 ⊗ 或 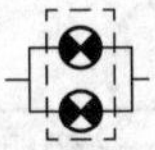 ⊗⊗	GP
电铃（警铃）			HAB（EB，PB）	 或 	DL，JL
蜂鸣器			HAB（PBU）	 或 	FM
电喇叭（电笛）		 或 	HAL（EW）	 或 	DD
手车式、抽屉式插口		—≪ ≫—			

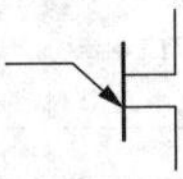

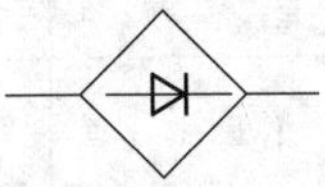

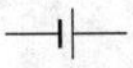

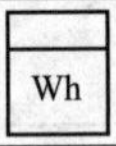

表 1-16　　　常用继电器符号

继电器名称	图形符号		文字符号	
	新	旧	新	旧
继电器一般表示	□	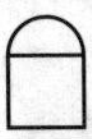 ⌂	K	J
电流继电器	 I	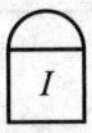 I	KA	LJ
过电流继电器	 $I<$	 $I<$	KAO	GLJ

续表

继电器名称	图形符号		文字符号	
	新	旧	新	旧
电压继电器	U	U	KV	YJ
欠电压继电器	$U<$	$U<$	KVU	DYJ
过电压继电器	$U>$	$U>$	KVO	GYJ
时间继电器（定时限）		t	KT	SJ
中间继电器 出口继电器			KC KOU	ZJ BCJ
信号继电器			KS	XJ
气体继电器 （瓦斯继电器）			KG	WST
差动继电器	I_d	$I\text{-}I$	KD	CJ

表 1-17　　　　　　　　　　继电器线圈的表示符号

序号	说明	图形符号
1	继电器线圈的一般符号	□ 或 □
2	当需要指出继电器为双流线圈时	▨ 或 ▨
3	继电器有 n 个线圈时	n 或 n
4	有 n 个线圈的继电器的电流线圈	$\frac{I}{n}$ 或 I/n
5	继电器的交流线圈	$\sim$
6	继电器的电流线圈	I 或 I
7	继电器的电压线圈	U 或 U

序号	说明	图形符号
8	缓慢释放（缓放线圈）	
9	缓慢吸合（缓吸线圈）	
10	缓吸和缓放的线圈	
11	快速继电器（快吸和快放）的线圈	
12	机械（或电气）保持继电器线圈	
13	热继电器的驱动器件	

表 1-18　　　　　　　　　常用继电器触点的表示符号

序号	名称	图形符号	
		新符号	旧符号
1	动合触点（常开触点）		
2	动断触点（常闭触点）		
3	先断后合的转换触点		
4	中间断开的双向触点		
5	延时闭合的动合（常开）触点		
6	延时闭合的动断（常闭）触点		
7	延时断开的动合（常开）触点		
8	延时断开的动断（常闭）触点		
9	具有手动复归的机械（或电气）保持的动合（常开）触点		

学习情境二　二次回路接线图

教学目标

1. 专业能力目标

（1）掌握阅读二次回路接线图的方法，具有识图分析能力。

（2）能熟练运用相对编号法，具有绘制安装图的能力。

（3）掌握10kV线路保护的构成和工作原理，具备基本设计能力。

2. 社会能力目标

（1）培养学生的沟通能力及团队协作精神。

（2）培养学生分析问题、解决问题的能力。

（3）培养学生勇于创新、敬业乐业的工作精神。

（4）培养学生的质量意识，细心、严谨、踏实的工作作风。

3. 方法能力目标

（1）文件资料收集整理能力。

（2）制订实施工作计划、检查与评价能力。

工作任务

绘制10kV线路保护安装接线图。

任务描述

在掌握相对编号法的基础上，对三段式电流保护回路进行编号。目的是深入掌握相对编号法。提高绘制二次回路安装接线图的能力。

任务准备

（1）任务分工：工作负责人＿＿＿＿＿＿＿＿＿＿操作人＿＿＿＿＿＿＿＿＿＿

（2）准备三段式电流保护回路的展开图并熟悉工作原理。

（3）制订方案：

1）制订工作流程图。

2）按照屏面布置图画出设备的标志符号。

（4）制订操作步骤。

任务实施

按方案进行实施。

任务评价

参照考核评价标准。

知识链接

单元一　二次回路接线图基本知识

二次回路接线图是表达各二次设备之间连接关系的图纸，能说明设备的构造原理，而且能清楚地表示出二次回路各元件的动作顺序和相互关系，在发电厂和变电所的建设和运行中都要用到这种图纸，它是现场安装施工、校验和日常运行维护、检修和技术改造工作必不可少的重要资料。发电厂和变电所具有种类、数量众多的二次回路接线图，按用途和绘制方法的不同，一般分为原理接线图、布置图和安装接线图。

一、原理接线图

原理接线图是二次接线的原始图纸，用以表示二次回路的构成、相互动作顺序和工作原理。习惯上把原理图分为归总式和展开式两种。

二、平面布置图

二次接线的布置图有控制室的平面布置图、控制和保护屏的屏面布置图、控制室和配电装置的小母线布置图等。

三、安装接线图

安装接线图是控制、保护等屏台制造厂生产加工和现场安装施工用的图纸，也是运行试验、检修等的主要参考图纸，是根据原理展开图绘制的。安装接线图包括屏面布置图、屏背面接线图和端子排图3个部分，简单介绍如下：

（1）屏面布置。屏面布置图是指从屏的正面看，将各安装设备和仪表的实际安装位置按比例画出的正视图，它是屏背面接线图的依据。

（2）屏背面接线图。屏背面接线图是指从屏的背面看的、表明屏内设备在屏背面的引出端子之间的连接情况以及端子与端子排之间连接关系的图，屏背面接线图是以屏面布置图为基础，以原理展开图为依据绘制的接线图。

（3）端子排图。端子排图是指从屏的背面看的、表明屏内设备连接和屏内设备与屏外设备连接关系的图。端子排图需要表明端子类型、数量及排列顺序。

安装接线图中各种设备、仪表、继电器、开关、指示灯等元器件以及连接导线，都是按照它们的实际位置和连接关系绘制的，为了施工和运行检修的方便，所有设备的端子和连线多按照"相对编号法"的原则标注编号。安装接线图是最具体、最详细的施工图纸，是照图施工的工程图。

单元二　二次回路识图知识

一、二次设备的图形符号

图形符号可以形象地表示设备、元件、组件及其线圈和触点的类型和特点，见二次回路部分设备图形符号和文字符号新旧对照表。它主要有：

（1）一般符号。用以表示某类元件或设备及其主要特征的简单图形符号，其特点是不仅反映了某类元件或设备，还反映了该元件或设备的主要特征。如电压互感器的一般符号不仅表示这是一台电压互感器，而且还反映出该电压互感器一、二次绕组的接线方式和中性点接地情况等主要特征。

（2）方框符号。方框符号是一种用于表示元件和设备的、比一般符号更简单的图形符号，其特点是仅仅表示某类元件或设备而不反映该元件或设备的特征细节。

图形符号中的可动部分的状态是按没有激励、无外力作用下的正常状态表示的。如交直流接触器、继电器等通电动作的元件，其触点是按线圈没有通电（或通过的电量没有达到动作值）时的状态表示的；按钮、行程开关和限位开关等受外力作用的元器件，其触点是按没有受到外力作用时的状态表示的；断路器、隔离开关等开关电器，其主触点和辅助触点多是按其主触点没有接通所在电路时的状态表示的。

二、二次设备的文字符号

为了更加清楚、完整地表示电气设备或元件及其主要特征，在图形符号旁边加注文字符号。文字符号是电气图中电气设备或元件的种类代码和功能代码。

文字符号由基本符号、辅助符号、数字序号和附加文字符号 4 部分组成。

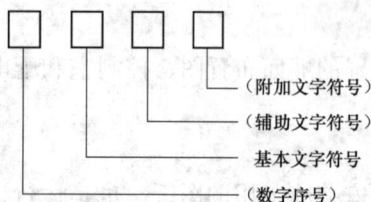

基本文字符号是文字符号中的必需项，用于表示该设备或元件的种类，一般用一个大写的英文字母表示，例如"T"表示变压器或电压互感器类，"K"表示继电器类，"Q"表示开关电器类。

辅助文字符号是文字符号中的可选项，用于表示该设备或元件的功能和主要特征。辅助文字符号位置在基本文字符号之后，例如"TA"中的"T"为基本文字符号，"A"为辅助文字符号，"KV"中的"K"为基本文字符号，"V"为辅助文字符号。

数字序号用于区分属于同一接线图中相同设备或元件的顺序编号，例如"KA1"表示某一电气图单元中的编号为"1"的电流继电器，"KA2"表示某一电气图单元中的编号为"2"的电流继电器。

附加文字符号用于表示该设备或元件的从属关系等附加特征，例如"TA_a1"表示该设备装设于 A 相。

例如：$TV_a1\ TA_b3$

"1""3"为数字序号，表示该设备属于同类设备中的第几个；

"T"为基本文字符号，表示该设备属于变压器或电压互感器类；

"A""V"为辅助文字符号，表示该设备具体为哪种互感器；

下标"$_a$""$_b$"为附加文字符号，表示该设备装设于 A 相或 B 相。

三、二次回路识图

二次回路接线图的最大特点是其设备、元件的动作严格按照设计的先后顺序进行，其逻辑性很强，所以识读原理图时需按一定的规律进行，会显得条理清楚，易读易记。

看图的基本方法可以归纳为"六先六后"：先一次，后二次；先交流，后直流；先电源，后接线；先线圈，后触点；先上后下；先左后右。具体说明如下：

"先一次，后二次"，就是当图中一次接线和二次接线同时存在时，应先看一次部分，弄清是什么设备和工作性质，再看对一次部分起监控作用的二次部分，具体起什么监控作用。

"先交流，后直流"，就是当图中交流和直流回路同时存在时，应先看交流回路，再看直流回路。因为交流回路一般由电流互感器和电压互感器的二次绕组引出，直接反映一次接线的运行状况；而直流回路则是对交流回路各参数的变化所产生的反映（保护和起监控作用）。

"先电源，后接线"，就是不论在交流回路还是在直流回路中，二次设备的动作都是由电源驱动的，所以在看图时，先找到电源，再由此顺回路接线往后看：交流沿闭合回路依次分析设备的动作；直流从正电源沿接线找到负电源，并分析各设备的动作情况。

"先线圈，后触点"就是先找到继电器或装置的线圈，再找到其相应的触点。因为只有线圈通电并达到启动值，其相应的触点才会动作；由触点的通断引起回路的变化，进一步分析整个回路的动作过程。

"先上后下"和"先左后右"，主要针对端子排图和屏后接线图而言的。看端子排图一定结合展开图来看，要分清屏内屏外设备。

"六先六后"只是识读二次接线图的基本方法和一般规律，对于个别情况还应具体分析。下面举两个实例说明：

1. 10kV 线路保护原理图

10kV 线路保护原理如图 2-1 所示。

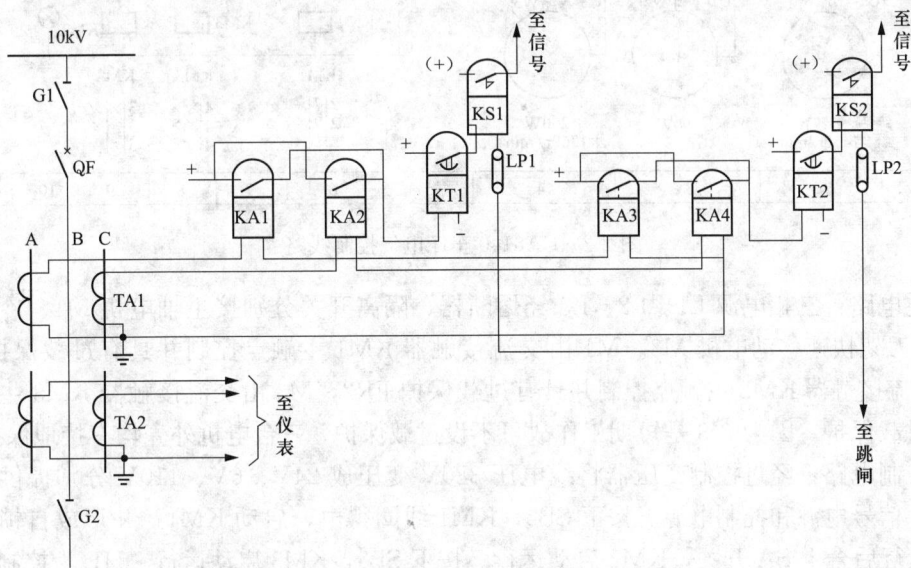

图 2-1　10kV 线路保护原理图

从图 2-1 中可知，整套保护装置包括，时限速断保护，它由电流继电器 KA1、KA2，时间继电器 KT1 及信号继电器 KS1，连接片 LP1 所组成；过电流保护，它由电流继电器 KA3、KA4，时间继电器 KT2，信号继电器 KS2，连接片 LP2 所组成。当线路发生 A、B 两相短路时，其动作过程如下：

若故障点在时限速断及过流保护的保护范围内，因 A 相装有电流互感器 TA1，其二次反映出短路电流，使时限速断保护的电流继电器 KA1 和过电流保护的电流继电器 LJ3 均启动。KA1、KA3 的动合触点闭合，将直流正电源分别加在 KT1、KT2 的线圈上，使两个时间继电器均启动。又因时限速断保护的动作时间小于过电流保护的动作时间，所以 KT1 的延时常开触点先闭合，并经信号继电器 KS1 及连接片 LP1 到断路器 QF 的跳闸线圈，跳开断路器，切除故障。

2、CA6140 车床电气控制线路

CA6140 车床电气控制线路如图 2-2 所示。

电源保护	电源开关	主轴电动机	短路保护	冷却泵电动机	刀架快速移动电动机	控制电源变压器及保护	主轴电动机控制	刀架快速移动	冷却泵控制	信号灯	照明灯

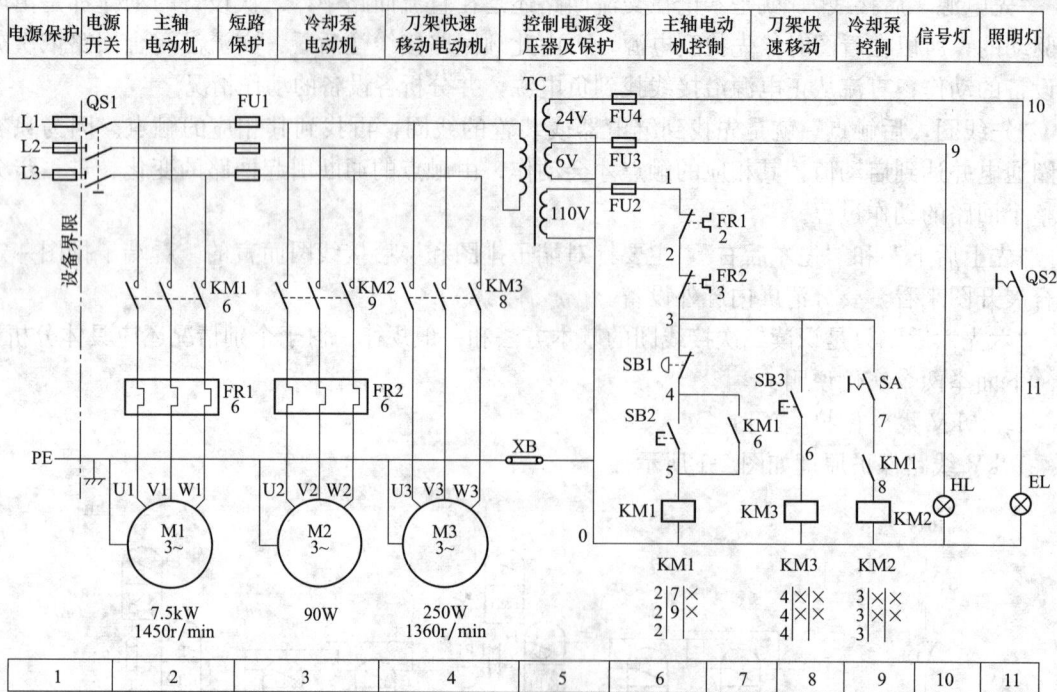

图 2-2　CA6140 车床电气控制线路

看主电路：三相电源 L1、L2、L3 经熔断器、隔离开关分别接主轴电机 M1、冷却泵电机 M2、刀架快速移动电机 M3。M1 由交流接触器 KM1 主触点控制并具有过载保护 FR1，M2 由交流接触器 KM2 主触点控制并具有过载保护 FR2，M3 由交流接触器 KM3 主触点控制没有过载保护，因为 M3 是短期工作故可不设过载保护。三台电机外壳均有接地保护。

看控制电路：经过控制变压器将线电压 380V 变压成 24V、6V、110V 分别提供局部照明电源、信号电源和控制电源。按下 SB2，KM1 线圈得电，启动 KM1，并形成自锁。在电机 M1 运行后合上 SA 开关，KM2 启动运行。按下 SB3，KM3 启动运行。HL 为控制电源监视灯。EL 为局部照明灯，由 QS2 控制。停止时，按下 SB1 即可。当 M1 或 M2 过载时，FR1 或 FR2 动作，切除控制电源，使 M1、M2 和 M3 停止运行。

单元三　二次回路接线图

一、归总式原理接线图

归总式原理接线图是表示继电保护、自动装置和测量仪表等二次回路原理的图纸，其特点是：

（1）二次接线和一次接线中的有关部分画在一起，所有二次设备（仪表、继电器、控制开关等）以整体的形式画出，能表明各二次设备的构成、数量及电气连接情况，图形直观形象，便于设计构思和记忆。

（2）二次接线的交流电流回路、交流电压回路、直流回路和一次回路的有关部分画在一起。其中，交流回路画出全部，直流回路的电源可只标出正、负二极。一次接线仅将与二次接线直接有关的部分（例如电流互感器）用三线图的形式表示，其余则以单线图形式表示。

（3）所有元件都采用国家统一规定的相应的图形和文字符号表示，它们之间的联系应按照动作顺序画出，便于分析整套装置动作原理，是绘制展开图和其他工程图的原始依据。

（4）原理图上各元件之间的联系是以元件的整体连接来表示的，没有给出元件的内部接线和引出端子的编号，直流部分仅表示出电源的极性，没有具体表示出是从哪一组熔断器下面引出来的。另外，关于信号部分只在图中标出了"至信号"，而没有画出具体的接线。所以，原理图不能作为施工图纸。

下面以图 2-3 所示的 10kV 线路过电流保护的原理接线图为例，说明这种接线图的一些特点。

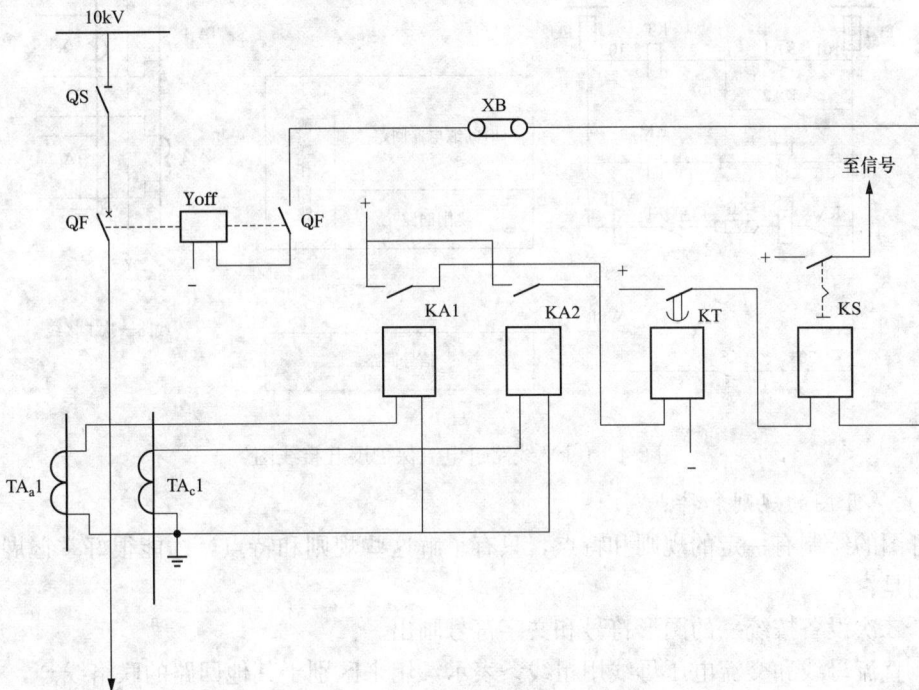

图 2-3　10kV 线路过流保护原理图

从图 2-3 中可以看出，电流互感器有一组二次线圈 TA1 供给继电保护。过电流保护由电流继电器 KA1 和 KA2，时间继电器 KT、信号继电器 KS 以及连接片 XB 组成。当线路上发生短路时，短路电流流过 TA_a1 或 TA_c1，使过电流保护启动，当流过电流继电器的电流超过其动作值时，其触点闭合，将直流操作电源正母线的正电源加在时间继电器 KT 的线圈上，时间继电器线圈的另一端是直接接在由操作电源负母线引来的负电源上的，时间继电器 KT 启动，经过一定时限后其延时触点闭合，正电源经过其触点和信号继电器 KS 的线圈、断路器的辅助触点 QF 和跳闸线圈 Yoff 接至负电源。信号继电器 KS 的线圈和跳闸线圈 Yoff 中有电流流过，两者同时动作，使断路器 QF 跳闸，并由信号继电器 KS 的触点发出信号。断路器跳闸后由其辅助触点 QF 切断跳闸线圈 Yoff 中的电流。

二、展开式原理接线图

展开式原理接线图是根据原理图绘制出来的。展开式原理接线图是将二次设备按其线圈和触点的接线回路展开分别画出，由多个回路组成，是安装、调试和检修的重要图纸，也是绘制安装接线图的主要依据，如图 2-4 所示 10kV 线路过电流保护的展开接线图。

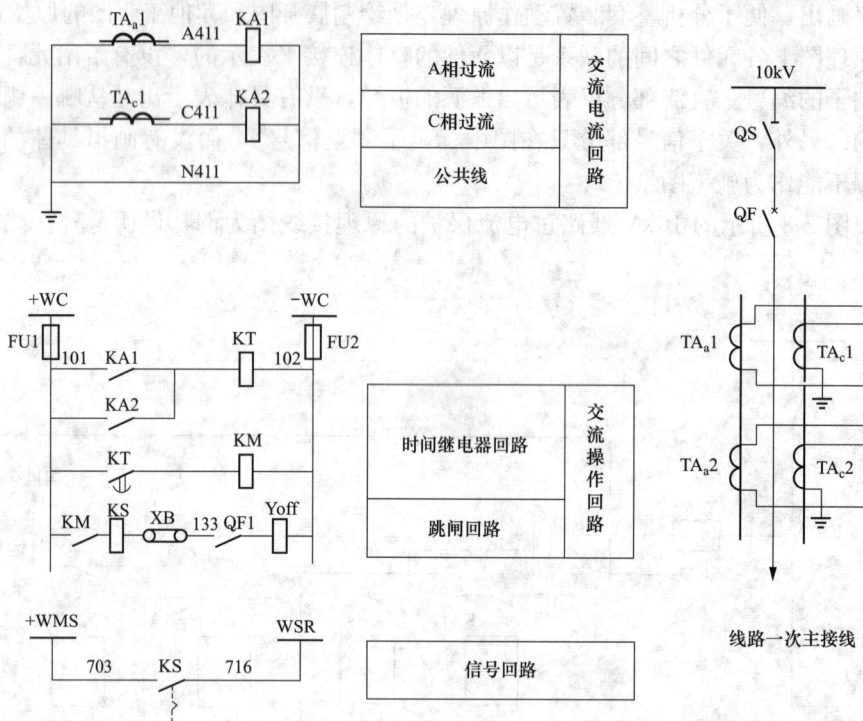

图 2-4　10kV 线路过电流保护展开接线图

（一）展开图的规则和特点

展开图的绘制有一定的规则和特点，只有了解这些规则和特点，才能很好掌握展开接线图。它们是：

（1）二次设备按统一的图形符号和文字符号画出。

（2）直流母线和交流电压母线用粗线条表示，用来区别于其他回路的联络线。

（3）按供电给二次设备的每个独立电源来划分二次回路，即将每套装置的交流电流回路、交流电压回路和直流回路分开来表示。交流回路以电流互感器或电压互感器的一个次级线圈作为独立电源；直流回路以每组熔断器后引出作为独立电源。各回路说明如下：

1）交流回路。分为交流电流回路（保护、测量、自动装置回路等）和交流电压回路（保护、测量、自动装置、同期回路等）。

2）直流回路。分为操作回路（断路器、隔离开关、灭磁开关、机组及辅助设备、闸门操作回路等）、信号回路（位置、事故、预告、指挥信号等）和保护回路（发电机、变压器、线路、母线、电动机保护回路等）。

（4）继电器和接触器的线圈和触点、仪表的电流和电压线圈、控制开关的各对触点、断路器和隔离开关的各个辅助触点，都分开画在所属的回路中，但同一设备的文字符号必须相同。

（5）二次设备的连接次序从左到右，动作顺序从上到下，接线图的右侧有相应的文字说明，如回路名称、用途等，便于读图和分析。

（6）开关电器的触点采用开关断开时的状态，继电器的触点采用线圈不通电时的状态（即不带电表示法）。必须注意，继电器的线圈通电以后，并不一定就会改变线圈通电时触点的状态，只有通过继电器线圈的电流（或施加的电压）超过其整定值而使继电器动作时，触点的状态才会转换。

（7）二次设备之间的连接应按等电位原则和规定的数字进行编号，便于分类查线、施工和检修。

（8）继电器的线圈和触点不在同一张图上时，要注明引来或引出处。

（二）展开接线图中的回路编号

在展开图中，为了了解该回路的用途和性质，以及根据编号进行正确的连接，以便安装、施工、运行和检修，对各个回路要进行编号。

二次回路的编号，根据等电位原则进行，就是在电气回路中，汇于一点的全部导线都用一个数码表示，当回路经过开关或继电器触点等隔开后，应给予不同的编号。

1. 直流回路编号

直流正极回路的线段按奇数顺序编号，负极回路按偶数顺序编号，回路经过主要的压降元件（如线圈、电阻、电容元件等），即改变其电压的极性，回路的编号亦随之改变。直流回路的数字编号见表 2-1。

表 2-1　　　　　　　　　　　　　直流回路的数字编号

回路名称	二次回路标号			
	一	二	三	四
正电源回路	1	101	201	301
负电源回路	2	102	202	302
合闸回路	3～31	103～131	203～231	303～331
红灯或合闸回路监视继电器回路	5	105	205	305
跳闸回路	33～49	133～149	233～249	333～349
绿灯或跳闸回路监视继电器回路	35	135	235	335
备用电源自动合闸回路	50～69	150～169	150～269	350～369
开关设备的位置信号回路	70～89	170～189	270～289	370～389
事故跳闸音响信号回路	90～99	190～199	290～299	390～399
保护回路	01～099			
机组自动控制回路	401～599			
发电机励磁回路	601～699			
信号及其他回路	701～999			
信号回路"+"电源小母线 +WS	701、703、705			
信号回路"-"电源小母线 -WS	702、704、706			
事故跳闸信号小母线 WFA	707、708			
预告信号小母线 WAS	709、710、711、712			
掉牌未复归小母线 WSR	716			

为了便于安装和运行，对某些比较重要的常见回路，常给予固定的数字编号。例如，直流正电源回路用 1、101、201、301；直流负电源回路用 2、102、202、302；断路器的跳闸回路用 33、133、233、333；合闸回路用 3、103、203、303 等。

在具体工程中，并不需要对二次回路展开图中的每一个结点都进行回路编号，而只对引至端子排上的回路加以编号即可，在同一屏上互相连接的设备，在屏背面接线图中有相应的标志方法。

2. 交流回路的编号

交流回路数字标号组见表 2-2。标号除了数字外，在数字前面还加有表示相别的文字 A、B、C、N（中性线）、L（零线）等。交流电流回路使用的数字范围是 400~599；交流电压回路使用的数字范围是 600~799，它们都是以十位数字为一组。电流互感器和电压互感器二次回路编号是按一次接线中电流互感器与电压互感器的数字编号相对应来分组的。例如一条输电线路装有两组电流互感器，其中，一组供继电保护用，取符号为 TA1，其对应的二次回路编号应取 A411~A419、B411~B419、C411C~419、N411~N419；另一组供测量仪表用，取符号为 TA2，其二次回路编号应取 A421~A429、B421~B429、C421~C429、N421~B429。其余依次类推。虽然对每只电流互感器只给了 9 个号码，一般情况下，也足够用了。再例如 TV3 电压互感器 A 相回路标号应为 A631~A639。交流回路的编号不分奇数与偶数，一律从电源开始按顺序编号。

3. 小母线的标号

为了使二次回路清晰和便于接线，提高回路的可靠性，设置了各种小母线，它们一般敷设在二次屏顶部。小母线分为直流小母线和交流小母线两类，每一类按用途又分为多种。

展开图中的小母线用粗线条表示，并注以文字标号和数字标号，小母线的标号组见表 2-2 和表 2-3。

表 2-2　　　　　　　　　　　　小 母 线 的 文 字 标 号

小母线名称		文字符号		数字标号
		新符号	旧符号	
直流控制和信号的电源及辅助小母线				
控制回路电源小母线		+WC −WC	+KM −KM	101, 201, 301 102, 202, 302
信号回路电源小母线		+WS, −WS	+XM, −XM	701, 702
事故音响信号小母线		WFA	SYM	708
预告音响信号小母线	瞬时动作信号	1WAS, 2WAS	1YBM, 2YBM	709, 710
	延时动作信号	3WAS, 4WAS	3YBM, 4YBM	711, 712
准同期合闸脉冲闭锁小母线		1WSC, 2WSC 3WSC	1THM, 2THM 3THM	721, 722 723
合闸小母线		+Won, −Won	+HM, −HM	
闪光不母线		（+）WFL	（+）SM	100
灯光小母线		+WLS, −WLS	+DM, −DM	725, 726
信号未复归小母线		（+）YMS, WSR	FM PM	703 716
隔离开关操作闭锁小母线		WQSL	GBM	880
旁路闭锁小母线		WPB	PHM	881
配电装置信号小母线		WAS	XPM	701
厂用电源辅助小母线		WAUX	+CFM, −CFM	
指挥信号小母线		WCS	ZYM	715
自动调频小母线		WADJ1, WADJ2	TZM1, TZM2	717, 718
自动调压小母线		WADJ3, WADJ4	TYM1, TYM2	1717, 1718
交流电压、同期和电压小母线				
同期小母线	待并系统	WST, WVC	TQMa, TQMc	A610, O610
	运行系统	WOS, WOC	TQMa, TQMc	A620, O620

续表

小母线名称	文字符号		数字标号
	新符号	旧符号	
第一组同期母线的电压小母线	WVB_a1，WVB_b1 WVB_c1，WVB_L1	YM_a1，YM_b1， YM_c1，YM_L1	A630，B630（B600） C630，L630
第二组同期母线的电压小母线	WVB_a2，WVB_b2 WVB_c2，WVBL2	YM_a2，YM_b2 YM_c2，YM_L1	A640，B640（B600） C640，L640
转角变压器辅助小母线	WTA_a，WTA_b WTA_c	ZYM_a，ZYM_b ZYM_c	A790，B790（B600） C790

表 2-3　小母线的数字标号

回路名称		文字符号或电压等级	二次回路标号				
			A（U、L1）相	B（V、12）相	C（W、13）相	中性线 N	零线 L（Z）
电流回路	保护及表计	TA	A401～A409	B401～B409	C401～C409	N401～N409	L401～L409
		1TA	A411～A419	B411～B419	C411～C419	N411～N419	L411～L419
		2TA	A421～A429	B421～B429	C421～C429	N421～N429	L421～L429
		…	…	…	…	…	…
		9TA	A401～A499	B491～B499	C491～C499	N491～N499	L491～L499
		10TA	A501～A509	B501～B509	C501～C509	N501～N509	L501～L509
		…	…	…	…	…	…
		19TA	A591～A599	B591～B599	C591～C599	N591～N599	L591～L599
	母线保护	500kV	A350	B350	C350	N350	
		220kV	A320	B320	C320	N320	
		110kV	A310	B310	C310	N310	
		35kV	A330	B330	C330	N330	
		6～10kV	A360	B360	C360	N360	
电压回路	保护及表计	TV	A601～A609	B601～B609	C601～C609	N601～N609	L601～L609
		1TV	A611～A619	B611～B619	C611～C619	N611～N619	L611～1619
		2TV	A621～A629	B621～B629	C621～C629	N612～N629	L621～L629
		…	…	…	…	…	…
	隔离开关辅助触点后	500kV	A（B、C、N、L）750～759				
		220kV	A（B、C、N、L）720～729				
		110kV	A（B、C、N、L）710～719				
		35kV	A（B、C、N、L）730～739				
		6～10kV	A（B、C、N、L）760～769				
	绝缘监视电压		A700、B700、C700、N700				

三、安装接线图

安装接线图是二次接线的主要施工图纸，也是提供给厂家制造二次屏的图纸。施工图经过施工和试运行检验并加以修正后，就成为对二次回路进行维护、试验和检修的基本图纸。

安装接线图包括屏面布置图、端子接线图和屏背面接线图。在作出展开接线图后，根据选用的设备，作出屏内设备的屏面布置图，然后再按屏作出端子接线图，厂家根据展开图、屏面布置图和端子接线图作出屏后接线图，即可制作屏柜。

（一）屏面布置图

屏面布置图用来表明屏上二次设备的排列位置和相互间的距离尺寸，是以屏的正面看将各安装设备和仪表的实际安装位置按比例画出的正视图。它表示出各元件在屏面上的安装位置，上面标有距离尺寸。一块屏可以布置一个或多个安装单位的设备，每个安装单位一般按纵向分开，屏上元件应注明其所属安装单位和设备的顺序号。所谓安装单位，即安装时所划分的单元，可根据所属一次回路来划分，或者根据不同用途的二次回路来划分，它表示某些二次设备属于电气主接线中的哪些独立回路，如××发电机，××变压器，××线路等。为节省用屏，同一块屏上可布置数个安装单位。如同一块屏用于控制 4 条线路，则屏上有 4 个安装单位，接到第一条线路的二次设备不能错接到第二条线路的二次设备上去。为防错接线，应该用罗马数字Ⅰ、Ⅱ、Ⅲ、…编号，即安装单位编号。

1. 控制屏屏面布置

控制屏安装的设备从上至下排列为仪表、光字牌、控制开关和信号灯等，屏后布置有熔断器、电阻和个别继电器等。屏面设备布置要求清晰、整齐和便于操作监视和检修。目前，发电厂和变电所大多不再设单独的控制屏，而是设置集中控制台。集控台分直立部分和平面部分。前者布置仪表和光字牌，后者布置控制开关、信号灯、按钮等。

控制屏屏面布置如图 2-5 所示。

（1）控制屏屏面布置应满足下列原则：

1）要考虑运行人员监视、操作和调节的方便。

2）屏面设备的布置要清晰、紧凑。

3）相同的安装单位布置形式要统一。

4）要尽量使模拟母线连贯并与电气主接线一致。

（2）对控制屏屏面布置的具体要求是：

1）测量仪表的布置应与模拟母线相对应，相序一般按纵向排列。

2）当指示仪表集中布置在模拟母线的上方时，其中心线对地面距离一般不小于 1500mm。

3）当采用槽形仪表时，可布置在模拟母线上。

4）屏面上的模拟母线要与主接线一致，并与一次设备的实际安装位置对应，同一电压等级的模拟母线应布置在同一高度。

5）控制室内各控制屏上光字牌的安装高度应一致，一般是下面取齐，光字牌的布置要尽量考虑瞬时、延时信号的分类以及与模拟母线的对应性。

6）操作设备要与模拟母线相对应。各安装单位相同用途的操作设备应布置在相对应的位置，其操作方向同一变电站应一致。

7）采用灯光监察的控制回路，红、绿灯应布置在控制开关上部，红灯在右，绿灯在左。

8）操作设备的中心线一般对地距离为 800～1500mm，最低不得小于 600mm，辅助切换开关也

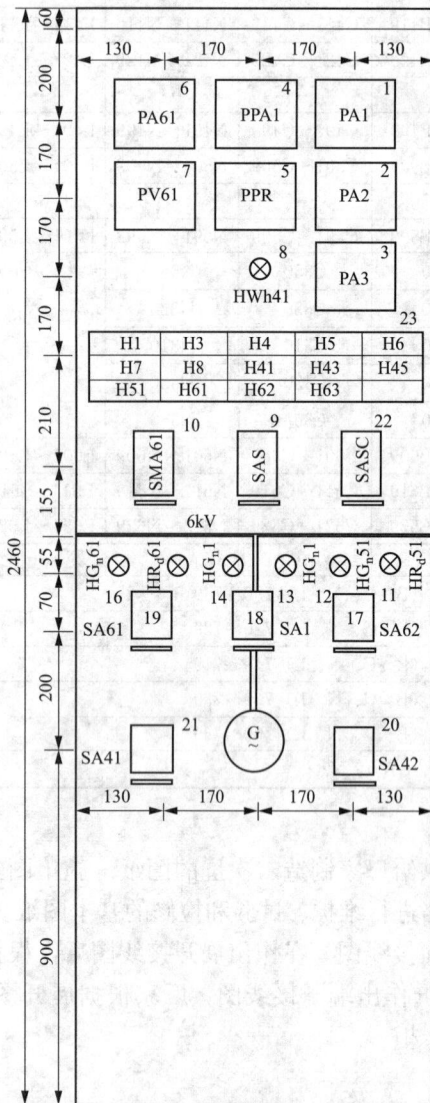

图 2-5　控制屏屏面布置

要布置在同一高度，通常布置在光字牌下面，模拟母线的上面。

9）屏面各设备之间的距离应满足设备接线及安装的要求。

10）在同一屏面上有 2 个及以上安装单位的设备时，应纵向划分清楚，不同安装单位之间应有明显的界线，不同安装单位的仪表、控制开关、按钮、继电器等不能混杂。

11）设计屏面布置图时，还要考虑屏后端子排的数量。对于 B1 系列端子，屏的一侧最多不超过 135 个，两侧总和不超过 200 个为宜；对于 D1 系列端子，每侧最多布置 200 个。当需要端子超过上述要求时，就需将一部分二次设备移至相邻的屏上。屏边应留出 50mm，以供布线使用。

按照上述要求，控制屏屏面布置的设备自上至下为测量仪表、光字排、辅助切换开关、模拟母线、控制和调节开关等。例如图 2-5 所示机组控制屏屏面布置中，在屏面上布置的是仪表、光字牌、辅助切换开关；在台面上布置的是模拟母线、操作器具及指挥信号设备。屏的上方应表明安装单位名称。

2. 保护屏屏面布置

保护屏设备布置的顺序为上部是继电器，下面依次是信号继电器、连接片和试验盒等。布置要求紧凑并便于观察、调试和检修。

保护屏屏面布置如图 2-6 所示。

保护屏屏面布置应满足下列要求：

（1）对保护屏的屏面布置的要求与控制屏基本相同，除了应考虑观察、试验与检修的方便外，还应布置美观、紧凑，充分利用屏面的面积。

（2）相同安装单位的屏面要尽量一致；同一屏内有 2 个安装单位时要尽量按对称布置，同一屏内有 2 个或以上安装单位时，一般要纵向划分开。

（3）各屏上继电器的安装高度应保持一致，横向和纵向排列均以继电器的中心线为准。调整、检查较少的继电器布置在屏的上部；操作多的布置在中部；信号继电器、连接片、试验部件布置在屏的下部。中间变压器、附加电阻、熔断器等不需要经常观察、调整的二次设备安装在屏后。

（4）屏面各设备之间的距离应满足安装和接线的要求。

（5）试验部件、连接片的中心线对地距离不应限于 400mm，在屏面下部距地面 250mm 处应有直径为 50mm 的圆孔，供实验时穿线使用。

（6）在屏面布置继电器时，应考虑到屏后安装端子的数量。

（7）屏面的上方应标明安装单位名称。

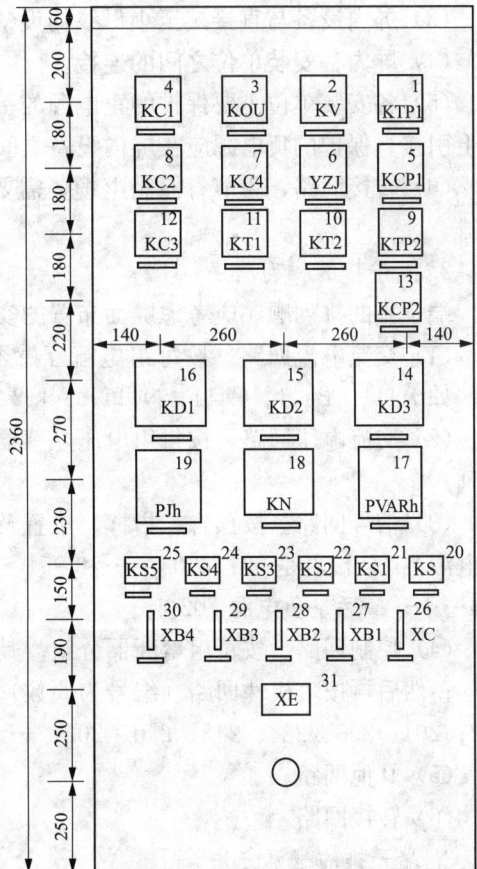

图 2-6　保护屏屏面布置

（二）端子接线图（端子排图）

许多端子组合在一起构成端子排。保护屏和控制屏的端子排，多数采用垂直布置方式，安装在屏后的两侧。少数成套保护屏采用水平布置方式，安装于屏后的下部。

1. 端子排设计原则

应使运行、检修、调试方便，尽量使设备与端子排相对应，尽可能节约材料。

同一屏上有不同安装单位时，过安装单位端子排排列应与屏面布置相对应。

当同一屏上有几个安装单位时，每一安装单位应有独立的端子排。它们的排列与屏面布置相配合，最后留 2~5 个端子作备用，在端子排的两端应装终端端子。

端子型式的选用，要根据具体情况决定。一般来说，交流电流回路应经过试验端子；事故音响信号回路、预告信号回路及其他在运行中需要很方便断开的回路（例如至闪光小母线的回路）应经过特殊端子或试验端子。

正、负电源之间，合闸和跳闸回路之间的端子排不应紧挨，需用一个空端子隔开。

1 个端子的每 1 个接线螺钉，一般只接 1 根导线，特殊情况下，最多可接 2 根导线。接于端子的导线截面积，不应超过 $6mm^2$。

需经端子排连接的回路是：

（1）屏内设备与屏外设备的连接。

（2）屏内设备和小母线的连接。

（3）屏内设备与直接接至小母线的设备（如附加电阻、熔断器或小开关等）的连接。

（4）屏内各安装单位之间的连接。

（5）各安装单位主要保护的正电源的引接，各安装单位主要保护的正电源一般均由端子排上引接。保护的负电源应在屏内设备之间接成环形，环的两端应分别接至端子排。

（6）转接回路，为节省控制电缆，需要经本屏转接的回路（亦称过渡回路），应经过端子排。

2. 端子排的排列顺序

端子排的排列顺序应考虑屏面布置的实际情况，一般自上而下按下列顺序排列：

（1）交流电流回路。按每组电流互感器标号数字大小排列，再按相别 A、B、C、N 排列。如 A411、B411、C411、N411；A412、C412；A421、B421、C421、N421；……

（2）交流电压回路。按每组电压互感器标号数字大小排列，再按相别 A、B、C、N、L 排列。

（3）信号回路。按预告、指挥、位置及事故信号分组。每组按数字大小排列，先是信号正电源 701，接着是 901、903……和 951、953；其次是 730、732……；再其次是 94、194、294……；最后是负电源 702。

（4）控制回路。按每组熔断器分组。其中每组先按正极性回路（编号为奇数）由小到大排列；然后再按负极性回路（编号为偶数）由大到小排列。例如 101、103、133、142、140、102；201、203、233、242、240、202；…。

（5）其他回路。

（6）转接回路。

3. 端子排的表示方法

在端子接线图中，端子排可采用四格或三格表示法，除其中一格写入端子的序号及表示其型式外，其余的格需要表明设备的符号及回路编号。如图 2-7 为屏右侧端子的四格表示法，如将左起第三格和第四格的内容合写在一格中，即为三格表示法。

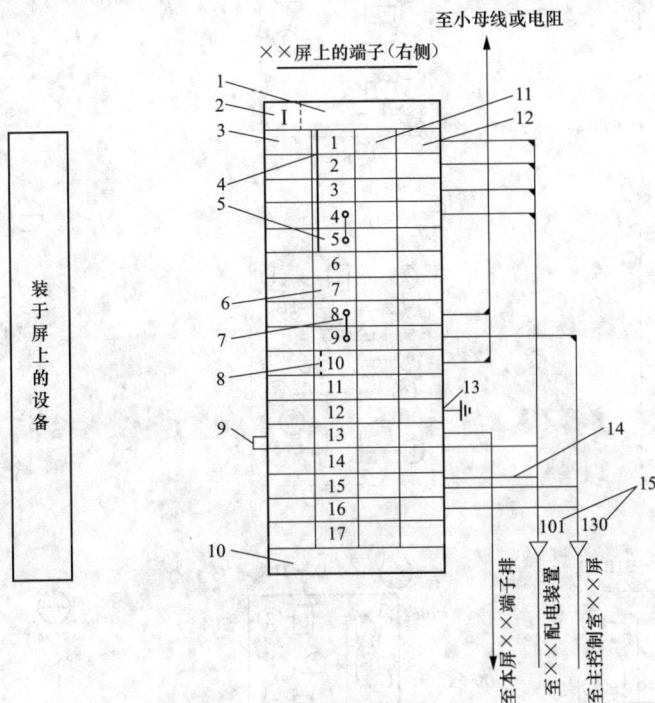

图 2-7　端子排的四格表示法

1—安装单位名称；2—安装单位编号；3—写设备编号；4—试验端子；5—连接型试验端子；6—一般端子；7—连接型端子；8—特殊端子；9—电缆与屏内设备侧端子连接；10—终端端子；11—回路编号；12—设备编号；13—端子接地；14——个端子接两根导线；15—电缆编号

（三）屏背面接线图

二次屏的设备大多装在屏的正面，设备的接线柱在屏后，接线是在屏后进行的，故称屏背面接线图（屏后接线图），它是屏的背视图。

屏背面接线图是制造厂生产屏过程中配线的依据，也是施工和运行的重要参考图纸。它是以展开接线图、屏面布置图和端子排图为原始材料，由制造厂的设计部门绘制的。

在屏背面接线图上，设备的排列是与屏面布置图相对应的。由于屏背面接线图为背视图，看图者是相当于站在屏的背后，所以左右方向正好与屏面布置图相反。例如，处于屏面布置图左上角的设备在屏背面接线图中则位于右上角。安装于屏后上部的设备，在屏背面接线图中亦画在上部，如附加电阻、熔断器、小开关、电铃、蜂鸣器等。对这些设备来说，相当于板前接线，应画正视图。

画屏背面接线图时，应按设备在屏上的实际位置，把设备的背视图画出来，设备形状应尽量与实际情况相符，不要求按比例绘制，但要保证相对位置正确，在图形上应表示出设备的内部接线和接线柱号，如图 2-8 所示。对安装在盘正面的设备，从屏后看不见轮廓者，应用虚线表示。为了减少绘图工作量，设计部门将设备图形刻成印章印在绘图纸上。

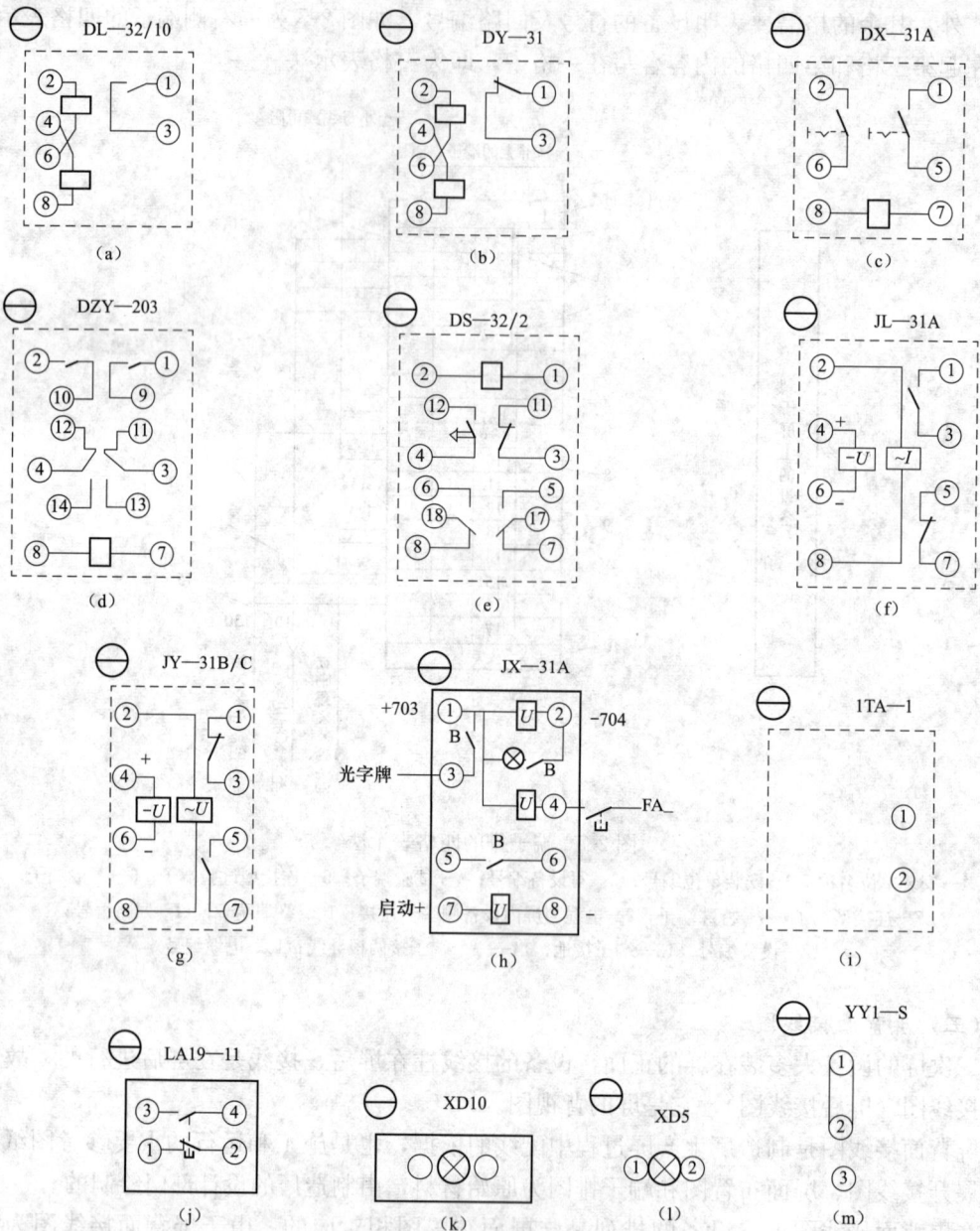

图 2-8　屏背面接线图中部分二次设备图形

(a) 电流继电器；(b) 电压继电器；(c) 信号继电器；(d) 中间继电器；(e) 时间继电器；

(f) 晶体管电流继电器；(g) 晶体管电压继电器；(h) 晶体管信号继电器；(i) 电流表；

(j) 按钮；(k) 光字牌；(l) 信号灯；(m) 切换片

二次设备图形左上方是设备的标志符号，设备标志符号的内容有：

(1) 与屏面布置图相一致的安装单位编号及设备顺序号，如Ⅰ1、Ⅰ2、Ⅰ3。其中罗马数字Ⅰ表示安装单位顺序，阿拉伯数字1、2、3表示第Ⅰ安装单位的第几号设备。

(2) 与展开图相一致的该设备的文字符号及同一名称设备的顺序号。

(3) 与设备表相一致的设备的型号。如图 2-8 所示。

将屏上安装的各设备图形画好之后，下一步是
根据订货单位提供的端子排图绘制端子排。将其布置
在屏的一侧或两侧，给端子加以编号，并根据订货单
位提供的小母线布置图，在端子排的上部，标出屏顶
的小母线，标出每根小母线的名称。最后，根据展开
接线图对屏上各设备之间的连接线及屏上设备至端子
排之间的连接线进行编号。由于连接线数目很多，如
采用对每个连接线都从起点到终点用线条直接连起来
的画法，不但制图很费时间，而且在配线时也很难分
辨清楚，极易造成错误。所以普遍采用在各设备的端
子旁及端子排旁进行编号的方法，用符号注明该端子
应该连接到哪里去。

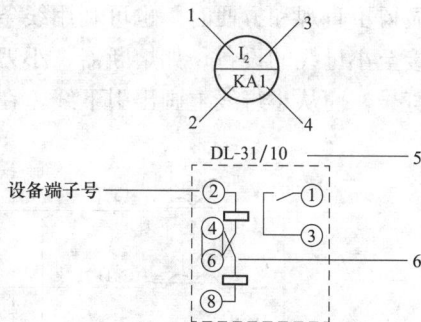

图 2-9　二次设备的标志符号
1—安装单位编号；2—同型设备顺序号；
3—同一安装单位设备的顺序号；
4—设备的文字符号；5—设备的型号；
6—设备内部接线

二次回路的编号方法很多，目前广泛采用相对编号法。

相对编号法是指，如甲、乙两个端子应该用导线连接起来，那么就在甲端子旁注上乙端
子的号，在乙端子旁注上甲端子的号。这样在配线时就可根据图纸，对屏上每个设备的任一
端子，都能找到与它连接的对象。如果在某个端子旁边没有标号，那就说明该端子是空着
的，没有连接对象；如果有两个标号，那就说明该端子有两个连接对象，配线时应用两根导
线接到两处去。按规定，每个端子上只能接两根导线。由于每个端子旁注明的是它所连接的
对象，所以这种标志方法为相对编号法。下面以图 2-4 中的展开接线图为例，具体说明相对
编号法的应用。

为了实现图 2-10（a）的接线，在图 2-10（b）（c）中画出了电流继电器 KA1 和 KA2 的
背视图和端子排图，继电器 KA1 和 KA2 的设备编号分别为 I 1 和 I 2。背视图中有继电器
KA1 和 KA2 的内部接线和端子号。端子排的最上面一格中标出了安装单位编号"I"和安
装单位名称"10kV 线路保护"，在其下面画出了有关的 3 个端子排，并予以编号。

下面用"相对编号法"对所要连接的端子加以标志。

由于电流互感器在配电现场，而电流继电器在主控室保护屏，所以从 TA 引来 3 根电缆
（A411、C411、N411）经端子排外侧与继电器连接，为此应用了端子排图上 1～3 号端子。
在端子排的外侧分别标上了回路编号 A411、C411 和 N411 及所指电流互感器的符号及相别。
在端子排的内侧 1 号端子应接至 KA1 的端子②，KA1 的安装标号为 I 1，其端子②的符号应
为 I 1—2，所以在端子排 1 号端子内侧写上 I 1—2，在 KA1 的端子②旁标上 1 号端子的标
号 I —1（罗马数字 I 表示安装单位 I 的端子排，数码 1 表示端子在端子排上的顺序号是 1）。
同理，在端子排的 2 号端子内侧写上 I 2—2，表示应接至 KA2 的端子②上，而在 KA2 端子
②旁标上 I —2，表示应接至端子排的第 2 号端子上。KA1 和 KA2 的端子⑧相互连接，因此
在 I 1 的端子⑧旁标上 I 2—8，而在 I 2 的端子⑧旁标上 I 1—8。最后从 KA1 的端子⑧处接
至端子排上的第 3 号端子，并在 I 1 的端子⑧旁标上 I —3，在端子排的第 3 号端子旁标上
I 1—8。于是完成了图 2-10（a）所要求的接线。

很显然，相对编号法使屏背面接线图变得一目了然，比用线条直接表示要清楚得多，特
别是在设备较多的情况下，优点更为突出。对于一些端子比较少，而且布置在一起的设备，
如电阻、熔断器、光字牌以及同一设备的两个端子等，其互相间的连接线，利用线条直接表

示显得更直观和方便时，也可利用线条连接，而不用相对编号法。此外，对不经过端子排直接接至小母线的设备，如熔断器、小刀开关、电阻等，可在该设备的端子上直接写上小母线的符号，而从小母线上画出引下线，在其旁注以所连接设备的符号，如图 2-11 所示。

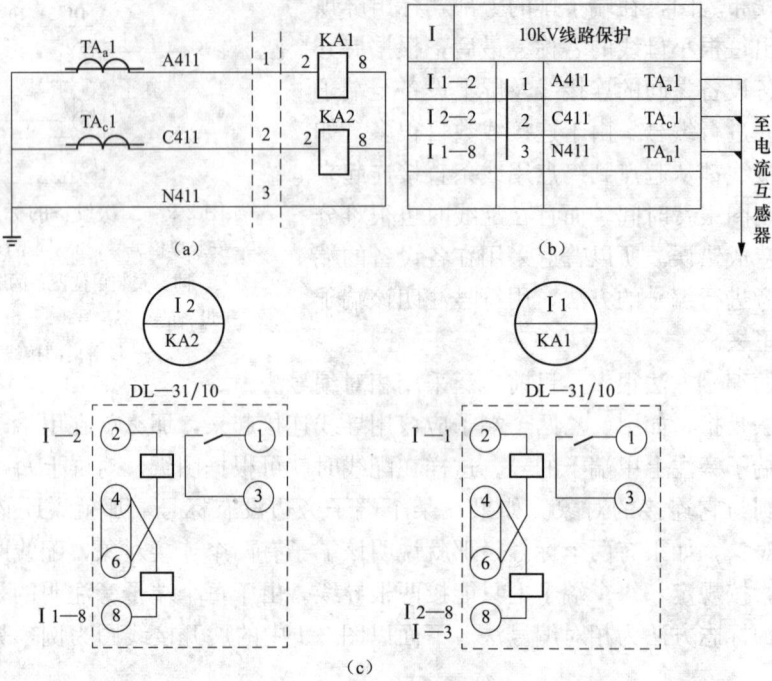

图 2-10　相对编号法的应用

(a) 展开图；(b) 端子排图；(c) 屏背后接线图

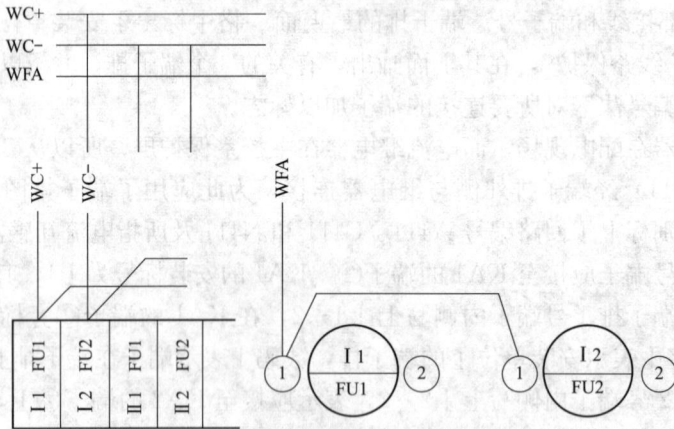

图 2-11　不经过端子排直接接至小母线的设备的标志法

单元四　典　型　二　次　回　路

一、断路器控制回路

在配电网中，用电设备的投入和切除，都要通过断路器来进行操作。对于一些小容量的断路器可采用就地手动操作，但大多数是采用远距离控制，即在控制室利用控制开关进行操作。

（一）对断路器控制回路的基本要求

（1）能够利用控制开关手动对断路器进行分、合闸的操作。

（2）能满足继电保护和自动装置的要求。实现断路器的自动分、合闸。

（3）应有反映断路器处于分、合闸状态的位置信号，并能区分出是手动还是自动进行的分、合闸。

（4）应能监视控制回路是否完好。

（5）分、合闸的操作应在短时间内完成。由于分、合闸线圈都是按短时通过工作电流计的，因此分、合断路器后应立即自动断开分、合闸线圈回路，以免烧坏线圈。

（6）合、跳闸电流脉冲一般应直接作用于断路器的合、跳闸线圈，但对于电磁操动机构，合闸线圈电流很大，需通过合闸接触器接通合闸线圈。

（7）能够防止断路器短时间内连续多次分、合的跳跃现象发生。

（8）对于采用气压、液压和弹簧作为操动机构的断路器，应有监测压力是否正常、弹簧是否拉紧到位的监视回路和闭锁回路。

（9）对于分相操作的断路器，应有监视三相位置是否一致的措施。

（10）接线应简单可靠，使用电缆芯数应尽量少。

（二）断路器控制回路的构成

图 2-12 所示为断路器控制回路构成框。

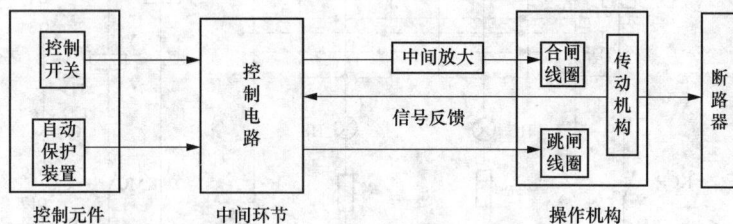

图 2-12　断路器控制回路构成框

（1）控制元件。运行人员按下按钮或者转动控制开关等控制元件发出合、跳闸命令。一般多采用带有转动手柄的控制开关。常用的控制开关有两种类型，一种是开启式，如 LW1 系列；另一种是封闭式，如 LW2 系列，这里选用的是 LW2-Z 型封闭式控制开关。其外形如图 1-1 所示。

图 1-1 中所示的控制开关正面是一个面板和操作手柄，安装在屏正面，与操作手柄轴相连的有数个触点盒，安装在屏后，每个触点盒有 4 个静触点和 2 个动触点，由于动触点的凸轮和簧片形状的不同，手柄转动时，每个触点盒内定触点接通与断开的状态各不相同，每对定触点随手柄转动在不同位置时的工作状态，可采用控制开关的触点表表示出来。

LW2 系列控制开关手柄转动挡数一般为 6 挡，2 个预备位置，预备合闸和预备分闸；2 个操作位置，合闸和分闸，这 2 个位置自动复归；2 个固定位置，合闸后和分闸后位置。

在断路器的控制电路中表示触点通断状况的图形符号如图 1-2 所示，其中水平线是开关的接线端子引线，6 条垂直虚线表示手柄 6 个不同的操作挡位，即 PC（预备合闸）、C（合闸）、CD（合闸后）、PT（预备跳闸）、T（跳闸）和 TD（跳闸后），水平线下方的黑点表示该对触点在此位置时是闭合的。

（2）中间放大元件。断路器的合闸电流很大，如电磁式操动机构，其合闸电流可达几十安到几百安，而控制元件和控制回路所能通过的电流往往只有几安，因此需用中间放大元件进行转换。常用直流接触器去接通合闸回路。

（3）操动机构。高压断路器的操动机构有电磁式、弹簧式和液压式等，它们都附有合闸和跳闸线圈。当线圈通电后，引起连杆动作，进行合闸或跳闸。

（三）断路器控制回路的动作过程

因断路器的操动机构不同，其控制回路也不尽相同，但基本接线是相似的。现以变配电所常用的带电磁操动机构的断路器控制回路为例（如图 2-13 所示），来说明控制回路各元件作用及控制回路的动作过程。

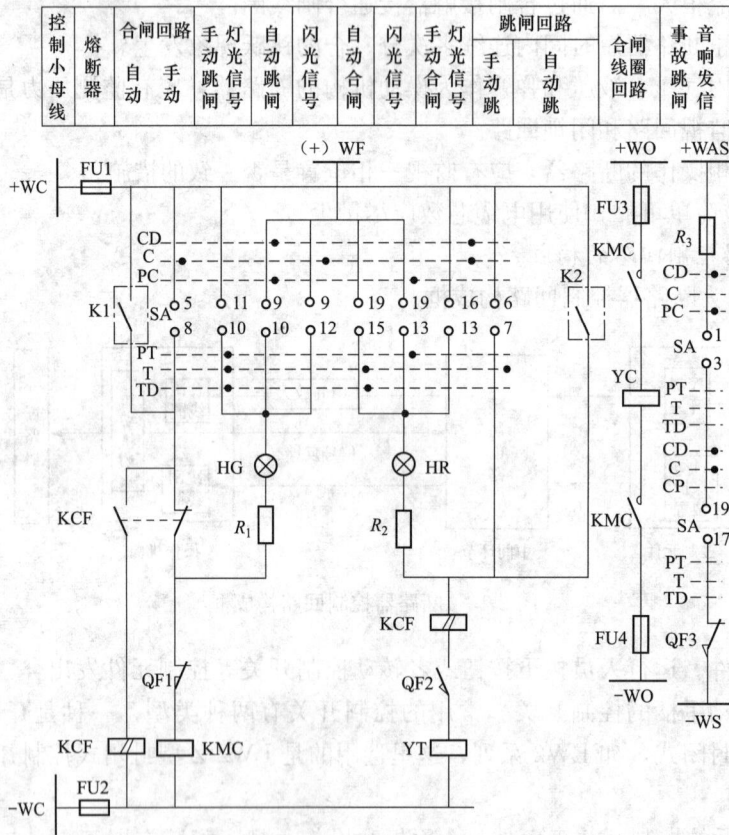

控制小母线	熔断器	合闸回路		灯光信号手动跳闸	自动跳闸	闪光信号	自动合闸	闪光信号	灯光信号手动合闸	跳闸回路		合闸线圈回路	事故音响发信
		自动	手动							手动跳	自动跳		

图 2-13　电磁操动机构的断路器控制回路

1. 控制回路中各元件介绍

在图 2-13 所示电路中，＋WC、－WC 是控制电源小母线；＋WO、－WO 是合闸电源小母线；WAS 是事故音响小母线；－WS 是信号电源小母线负电源；KMC 是合闸接触器；KCF 是防跳继电器，其作用是防止断路器的"跳跃"。当手动合闸后，控制开关 SA 手柄尚未松开（5～8 触点仍接通）或自动装置触点 K1 粘连，此时若发生永久故障，继电保护动作使断路器跳闸，因 SA 手柄仍维持在"合闸"位置，SA（5～8）仍接通或 K1 粘连，使断路器又合上，因故障仍存在，保护装置又动作使断路器跳闸，断路器的这种多次跳——合现象，称为"跳跃"。断路器发生多次"跳跃"，会使其毁坏，造成事故扩大。所以必须采取措施，防止"跳跃"的发生。"防跳"措施有机械防跳和电气防跳两种。如 6～10kV 断路器的电磁操作机构（CD2）就具有机械防跳措施，电气防跳就是不管操作机构本身是否带有机械闭锁，均在断路器控制回路加设电气防跳电路。

防跳继电器 KCF 有两个线圈，一个是电流启动线圈，串联在跳闸回路中；另一个是电压自保持线圈，经自身的动合触点并联在合闸接触器 KMC 上。当利用 SA（5～8 触点）或自动装置触点 K1 合闸时，若合闸于故障线路上时，继电保护动作，其 K2 触点闭合，启动 YT 使断路器跳闸，同时跳闸电流流过 KCF 电流线圈，使其启动，一方面 KCF 动断触点断开，切断 KMC 的启动回路，使其不能合闸；另一方面 KCF 动合触点闭合，接通 KCF 电压线圈，使其自保持，保证 KCF 动断触点在断开状态，切断断路器的合闸回路。即使 SA（5～8 触点）仍接通或自动装置触点 K1 粘连，也不会使断路器合闸。只有当 SA（5～8 触点）断开或自动装置触点 K1 断开，KCF 电压线圈失电，整个电路才恢复正常。这样就防止了跳跃现象的发生。

2. 断路器的控制回路的动作过程

（1）手动合闸。合闸前的起始状态是断路器 QF 处于跳闸状态，其辅助动断触点 QF1，QF3 接通，动合触点 QF2 断开；控制开关 SA 手柄处于"跳闸后"位置，其触点 10～11，14～15 接点是接通的。

此时，回路＋WC→FU1→SA（11～10）→HG→R1→QF1→KM→FU2→-WC 接通，绿灯 HG 发平光，表明断路器在分闸位置，同时说明合闸回路的完好。此时，合闸接触器 KMC 线圈两端虽有一定的电压，由于回路中电阻和绿灯的分压作用，不足以使合闸接触器 KMC 动作。

1）预备合闸。将 SA 手柄顺时针方向旋转 90°到"预备合闸"位置，此时 SA（9～10）通，回路（＋）WF→SA（9～10）→HG→R1→QF1→KMC→FU2→-WC 接通。绿灯发闪光，提醒运行人员核对操作是否正确。如核对无误，进行下面操作。

2）合闸。将 SA 手柄顺时针方向旋转 45°到"合闸"位置，SA（5～8）、SA（16～13）通，回路＋WC→FU1→SA（5～8）→QF1→KMC→FU2→-WC 接通。回路中的电阻和绿灯被短接，合闸接触器 KM 加上全电压励磁动作，其动合触点 KM1、KM2 闭合，合闸回路＋→短接，合闸接触器 KMC 加上全电压励磁并动作，其动合触点闭合，＋WO→FU3→KMC→YC→KMC→FU4→-WO 接通，使 YC 励磁动作，操动机构使断路器合闸；同时 QF1、QF3 断开，HG 熄灭，QF2 闭合，回路＋WC→FU1→SA（16～13）→HR→R2→QF2→YT→FU2→-WC 接通，红灯发平光，表明断路器已合闸。

3）合闸后。操作人员看到红灯亮平光后，松开 SA 手柄，SA 手柄返回到"合闸后"位置，此时 SA（16～13）仍通，回路＋WC→FU1→SA（16～13）→HR→R2→QF2→YT→FU2→-WC 仍接通，红灯发平光，表明断路器在合闸位置，同时说明分闸回路完好。此时，断路器的跳闸线圈 YT 两端虽有一定的电压，由于回路中电阻和红灯的分压作用，达不到 YT 使断路器跳闸的数值，断路器不会跳闸。

（2）手动跳闸。跳闸前的起始状态是 QF 处于合闸状态，其触点 QF1、QF3 断开，触点 QF2 接通；SA 处于"合闸后"位置，其触点 9～10、13～16、17～19 是接通的，红灯发平光。

1) 预备跳闸。将 SA 手柄逆时针方向旋转 90°到"预备跳闸"位置，此时 SA（14～13）接通，回路（＋）WF→SA（14～13）→HG→R2→QF2→YT→FU2→－WC 接通，红灯发闪光，提醒运行人员核对操作是否正确。如核对无误，进行下面操作。

2) 跳闸。将 SA 手柄逆时针方向旋转 45°到"跳闸"位置，此时 SA（6～7）、SA（11～10）接通，回路＋WC→FU1→SA（6～7）→QF2→YT→FU2→－WC 接通。回路中电阻和红灯被短接，全电压加到 YT 上使 YT 励磁动作，操动机构使断路器跳闸；同时其辅助触点 QF2 打开，红灯熄灭，QF1、QF3 闭合，回路＋WC→FU1→SA（10～11）→HG→R1→QF1→KMC→FU2→－WC 接通，绿灯发平光，表明断路器已分闸。

3) 分闸后。操作人员看到绿灯亮平光后，松开 SA 手柄，SA 手柄返回到"跳闸后"位置，此时 SA（10～11）仍通，回路＋WC→FU1→SA（10～11）→HG→R1→QF1→KMC→FU2→－WC 仍接通，绿灯发平光，跳闸完成。

（3）自动跳闸。自动跳闸前的起始状态是 QF 处于合闸状态，其触点 QF1，QF3 断开，触点 QF2 接通；SA 处于"合闸后"位置，其触点 9～10，13～16，17～19 是接通的。

当一次系统发生故障时，相应的保护动作后，K2 闭合，回路＋WC→FU1→K2→QF2→YT→FU2→－WC 接通。红灯 HR 和电阻 R2 被短接，全电压加到 YT 上，使 YT 励磁动作，操动机构使断路器跳闸；同时其辅助触点 QF2 打开，红灯 HR 熄灭，QF1、QF3 闭合，此时断路器处于跳闸状态，而 SA 手柄处于"合闸后"位置，SA（9～10）、（1～3）、（19～17）是通的，因此，回路 WAS→R3→SA（1～3）→SA（19～17）→QF3→－WS 接通，启动中央事故信号装置中的蜂鸣器发出音响，告知运行人员断路器事故跳闸。这说明事故信号是利用断路器与控制开关手柄"不对应"关系启动的。同时，回路（＋）WF→SA（9～10）→HG→R1→QF1→KMC→FU2→－WC 接通，绿灯发出闪光，指明该断路器自动跳闸。为了不影响运行人员处理事故，可按下中央事故信号装置中音响解除按钮，解除音响。但要保留灯光，直到事故处理完毕，再将控制开关 SA 手柄旋转到"跳闸后"位置，SA（10～11）接通，回路＋WC→FU1→SA（10～11）→HG→R1→QF1→KMC→FU2→－WC 接通，绿灯发平光，恢复到正常的分闸后状态。

（4）自动合闸。自动合闸前的起始状态是 QF 处于分闸状态，其触点 QF1、QF3 接通，触点 QF2 断开，SA 处于"跳闸后"位置，其触点 10～11，14～15 是接通的。

自动装置动作 K1 闭合，回路＋WC→FU1→K1→QF1→KMC→FU2→－WC 接通。电阻和绿灯被短接，合闸接触器 KM 加上全电压励磁动作，其动合触点 KMC 闭合，合闸回路＋WO→FU3→KMC→YC→KMC→FU4→WO 接通，使 YC 励磁，操动机构动作使断路器合闸。同时触点 QF1、QF3 断开，HG 熄灭；QF2 闭合，由于此时控制开关 SA 手柄在"分闸后"位置，SA（14～15）是接通的，回路（＋）WF→SA（14-15）→HR→R2→QF2→YT→FU2→－（＋）WC 接通，红灯发闪光。中央事故信号装置中的电铃发出音响同时点亮光字牌。电铃响，光字牌亮表明断路器自动合闸。红灯发闪光指明该台断路器自动合闸。运行人员可以将控制开关 SA 手柄旋转到"合闸后"位置，红灯发平光，恢复到正常运行状态。

二、信号回路

变电所中，为了监视各电气设备和系统的运行状态，进行事故处理和相互联系，经常采用信号装置。当发生故障时，信号系统会发出各种灯光及音响信号，通知运行人员；另外，统一调度和协调生产，也需要借助于信号系统。

（一）变配电所信号回路的类型

（1）按使用的电源可分为强电信号系统和弱电信号系统。前者一般为 110V 或 220V 电压；后者一般为 48V 及以下电压。

（2）按信号的表示方法可分为灯光信号和音响信号，灯光信号又可分为平光信号和闪光信号以及不同颜色和不同闪光频率的灯光信号，音响信号又可分为不同音调或语音的音响信号。计算机集散系统在电力系统应用后，使信号系统发生了很大的变化。

（3）按用途可分为位置信号、事故信号、预告信号。预告信号和事故信号装设在主控室的信号屏上，称为中央信号。

1）位置信号。是指示开关电器、控制电器及其设备的位置状态的信号。如用灯光表示断路器合、跳闸位置；用专门的位置指示器表示隔离开关位置状态。

2）事故信号。当电气设备发生事故（一般指发生短路），应使故障回路的断路器立即跳闸，并发出事故信号。事故信号由音响和灯光两部分组成。音响信号一般是指蜂鸣器或电喇叭发出较强的音响，引起值班人员的注意，同时断路器位置指示灯（在断路器控制回路中）发出闪光指明事故对象。

3）预告信号。当电气设备出现不正常的运行状态时，并不使断路器立即跳闸，但要发出预告信号，帮助值班人员及时地发现故障及隐患，以便采取适当的措施加以处理，以防故障扩大。预告信号也有音响和灯光两部分构成。音响信号一般由警铃发出，同时标有故障性质的光字牌灯光信号点亮。

常见的预告信号有变压器过负荷；断路器跳、合闸线圈断线；变压器轻瓦斯保护动作、变压器油温过高、变压器通风故障；电压互感器二次回路断线；交、直流回路绝缘损坏发生一点接地、直流电压过高或过低及其他要求采取措施的不正常情况，如液压操动机构压力异常等。

中央信号装置按其音响信号的复归方式可分为就地复归和中央复归；按其音响信号的动作性能可分为能重复动作和不能重复动作。中央复归能重复动作的信号装置，主要是利用冲击继电器实现的。

在有人值班的大、中型变配电所中，一般装设中央复归能重复动作的事故信号和预告信号。在有人值班的变配电所，可装设中央复归的简单的事故信号装置和能重复动作的预告信号装置，并应在屋外配电装置装设音响元件，在无人值班的变电所，一般只装设简单的音响信号装置，该信号装置仅当远动装置停用并转为变电所就地控制时才投入。

（二）对信号回路的基本要求

变配电所的信号回路应满足以下要求：

（1）断路器事故跳闸时，能及时发出音响信号（蜂鸣器），并有相应的位置指示灯闪光，信号继电器掉牌，点亮"掉牌未复归"光字牌。

（2）发生不正常情况时，能及时发出区别于事故音响的另一种音响（警铃声），并使显示故障性质的光字牌点亮。

（3）对事故信号、预告信号能进行是否完好的试验。

（4）音响信号应能重复动作，并能手动及自动复归，而故障性质的显示灯仍保留。

（5）大型变电所发生事故时，应能通过事故信号的分析，迅速确定事故的性质。

（三）常规的事故信号装置

在大中型发电厂及变电所，广泛采用中央复归能重复动作的事故音响信号装置，而具有中央复归能重复动作的常规事故信号系统的主要元件是冲击继电器，它可接受各种事故脉冲，并转换成音响信号。冲击继电器有各种不同的型号，但其共同点是都具有接收信号的元件（如脉冲变流器或电阻器）及相应的执行元件。图 2-14 为事故音响信号的启动回路。图 2-14 所示中＋700、－700 为信号小母线；U 为脉冲变流器；K 为执行元件的继电器。当发生事故跳闸时，接于事故音响小母线 M708 和－700 之间的任一不对应启动回路（如控制开关 SA1 的触点 1～3，19～17 与断路器辅助动断触点 QF1 形成的通路），在变流器 U 的一次侧将流过一个持续的直流电流（阶跃脉冲），而在 U 的二次侧，只有在一次侧电流从初始值达到稳定值的瞬变过程中才有感应电动势产生，与之相对应二次侧电流是一个尖峰脉冲电流，此电流使执行元件继电器 K 动作。K 动作后，再启动回路。当变流器 U 的一次侧电流达稳定值后，二次侧的感应电动势即消失，继电器 K 可能返回，也可能不返回，依继电器 K 的类型而定。不论继电器返回与否，音响信号将靠本身的自保持回路继续发送，直至中央事故信号回路发出音响解除命令为止。当前次发出的音响信号被解除，而相应启动回路尚未复归，第二台断路器 QF2 又自动跳闸，第二条不对应回路（SA2 的触点 1～3、19～17 和断路器辅助动断触点 QF2 形成的通路）接通，在小母线 M708 与－700 之间又并联一支启动回路，从而使变流器 U 一次侧电流发生变化（每一并联支路中均有电阻器 R），二次侧感应出胜冲电动势，使继电器 K 再次启动。可见，变流器不仅接收了事故脉冲并将其变成执行元件动作的尖脉冲，而且把启动回路与音响信号回路分开，以保证音响信号一经启动，即与启动它的不对应回路无关，从而达到了音响信号重复动作的目的。

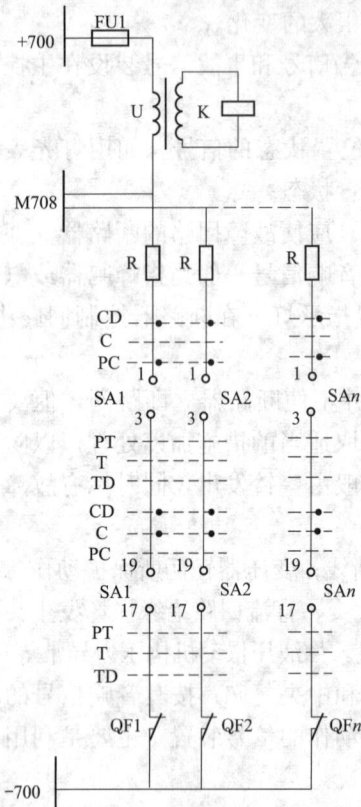

图 2-14　事故音响信号的启动回路

下面介绍由 JC-2 型冲击继电器构成的常规的事故信号电路。

1. JC-2 型冲击继电器的内部电路及工作原理

图 2-15 所示为 JC-2 型冲击继电器的内部电路。图中 KP 为极化继电器。此继电器具有双位置特性，其结构示意如图 2-15 所示。线圈 1 为工作线圈，线圈 2 为返回线圈，若线圈 1 按图 2-16 所示极性通入电流时，根据右手螺旋定则，电磁铁 3 及与其连接的可动衔铁 4 的上端呈 N 极，下端呈 S 极，可动衔铁 4 与永久磁铁 5 互相作用，使可动衔铁 4 按顺时针方向转动，触点 6 闭合。如果线圈 1 中流过相反方向的电流或在线圈 2 中按图 2-15 所示极性通入电流时，可动衔铁 4 的极性改变，可动衔铁 4 按逆时针方向转动，触点 6 复归。

JC-2 型冲击继电器是利用电容充放电启动极化继电器的原理构成。启动回路接通时，产生的脉冲电流自端子 5 流入，在电阻 R1 上产生一个电压增量，该电压增量即通过极化继电器的两个线圈 L1 和 L2 给电容器 C 充电，充电电流使极化继电器动作（电流从线圈 L1 同名端流入，从线圈 L2 同名端流出）。当充电结束，充电电流消失后，极化继电器仍保持在动作位置。极化继电器的复归有两种方式，一种为负电源复归，即冲击继电器 5 端子直接接于正

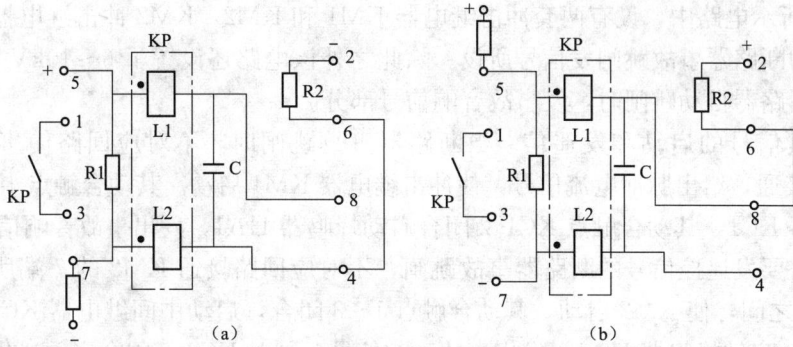

图 2-15　JC-2 型冲击继电器的内部电路
(a) 负电源复归；(b) 正电源复归

电源时［如图 2-15 (a) 所示］，端子 4 和 6 短接，将负电源加到端子
2 来复归，其复归电流从端子 5 流入，经电阻 R1、线圈 L2、电阻 R2
至端子 2 流出（线圈 L2 中所流过的电流方向与启动时相反）。另一
种方式为正电源复归，即冲击继电器 7 端子直接接于接于负电源时［如
图 2-15 (b) 所示］，端子 6 和 8 短接，将正电源加到端子 2 来复归，
其复归电流从端子 2 流入，经电阻 R2、线圈 L1、电阻 R1 至端子 7
流出，（线圈 L1 中所流过的电流方向与启动时相反）。

此外，冲击继电器还具有冲击自动复归特性。即当流过电阻 R1
的电流突然减小或消失时，在电阻 R1 上的电压有一减量，该电压减
量使电容器经极化继电器线圈放电，其放电电流与充电电流方向相
反。使极化继电器冲击返回。

2. 电路工作过程分析

如图 2-17 所示为 JC-2 型冲击继电器构成的事故信号电路。

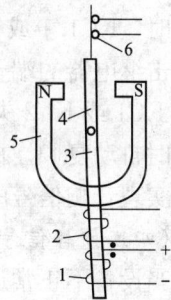

图 2-16　极化继电器
结构示意

1—工作线圈；2—返回线圈；
3—电磁铁；4—可动衔铁；
5—永久磁铁；6—触点

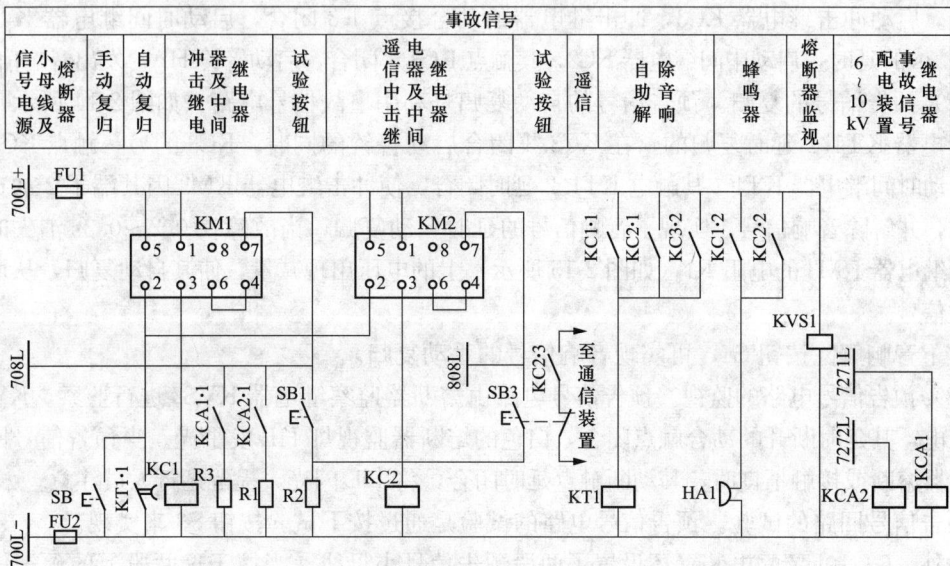

图 2-17　JC-2 型冲击继电器构成的事故信号电路

图 2-17 所示电路中，设有两套冲击继电器 KM1 和 KM2，KM2 冲击继电器是专为需要发遥控信号的断路器事故跳闸发信号所设。除此之外该电路还设置了 6～10kV 配电装置中，就地控制的断路器自动跳闸时，发事故音响信号部分。

（1）事故信号的启动和发遥信。当断路器事故跳闸时，不对应回路使事故小母线与700L－之间接通，给出脉冲电流信号，使冲击继电器 KM1 启动。其动合触点 1～3 闭合，启动中间继电器 KC1，其动合触点 KC1.2 闭合启动蜂鸣器 HA1，发出事故音响信号。

如果是需要发遥控信号的断路器事故跳闸，不对应回路接通 KM2 的 7 端所连接事故小母线和 700L－之间，使 KM2 启动，其动合触点 1～3 闭合，启动中间继电器 KC2，其动合触点 KC2.2 闭合启动蜂鸣器 HA1，发出事故音响信号。同时 KC2.3 闭合启动遥信装置，发遥信至中心调度所。

（2）事故信号的复归。在 KC1.2 或 KC2.2 接点闭合启动蜂鸣器 HA1 发出事故音响信号的同时，KC1.1 或 KC2.1 接点闭合，启动时间继电器 KT1，其触点 KT1.1 经延时后闭合，将冲击继电器的端子 2 接负电源，冲击继电器 KM1 或 KM2 复归。动合触点 1～3 断开，继电器 KC1 或 KC2 失电，KC1.2 或 KC2.2 接点打开，蜂鸣器停止音响，从而实现了音响信号的延时自动复归。此时，整个事故信号电路复归，准备下次动作。按下音响解除按钮 SB，也可实现音响信号的手动复归。

（四）预告信号

当设备不正常运行时，利用预告信号装置发出音响和灯光信号，以便值班人员能及时地发现，及时采取适当措施加以处理，防止不正常运行扩大造成事故。

图 2-18 所示为 JC-2 型冲击继电器构成的预告信号电路图。图中，KM3 为预告信号脉冲继电器；SB2 为预告信号试验按钮；SB4 为预告信号的复归按钮；KT2 为时间继电器；KC3 为中间继电器；KVS2 为熔断器的监视继电器；KCR1 和 KCR2 为 10kV 配电装置预告信号中间继电器；HA2 为电铃。

（1）预告信号的启动。当设备出现不正常的运行状况时，相应的继电保护装置动作，其触点闭合。启动冲击继电器 KC3，冲击继电器的动合接点 1-3 闭合，启动时间继电器 KT2，经 0.2～0.3s 的延时，启动中间继电器 KC3，其触点 KC3.1 闭合，启动警铃 HA，发出音响信号。

（2）预告信号的复归。预告信号的自动复归是利用事故信号电路（如图 2-14 所示）中的时间继电器 KT1.2 延时复归的。在 KC3.1 闭合启动警铃的同时，KC3 的另一触点 KC3.2 闭合，启动时间继电器 KT1，其触电 KT1.2 延时闭合，使冲击继电器 KM3 因其端子 2 加正电源而复归，并解除音响信号，实现了音响信号的延时自动复归，当故障在 0.2～0.3s 消失时，由于冲击继电器 KM3 的电阻 R1（如图 2-15 所示）上的电压出现减量，使其自动复归，从而避免了误发信号。

按下音响解除按钮 S4，可实现音响信号的手动复归。

（3）预告信号电路的监视。预告信号电路由熔断器监察继电器 KVS2 进行监察。KVS2 正常时带电，其延时断开的动合触点闭合，白色的熔断器监视灯 HL 发平光。当预告信号回路中的熔断器熔断或接触不良时，其动断触点延时闭合，将 HL 闪光，提醒运行人员注意。

预告信号回路的试验。预告信号电路的试验是通过按下试验按钮 S3 来实现。

另外，6～10kV 配电装置还设置了两段预告信号小母线，当接于这两段上的预告信号启动回路接通时，预告信号继电器 KCR1 或 KCR2 动作，其动合触点闭合接通光字牌，指明异常运行发生在Ⅰ段或Ⅱ段。

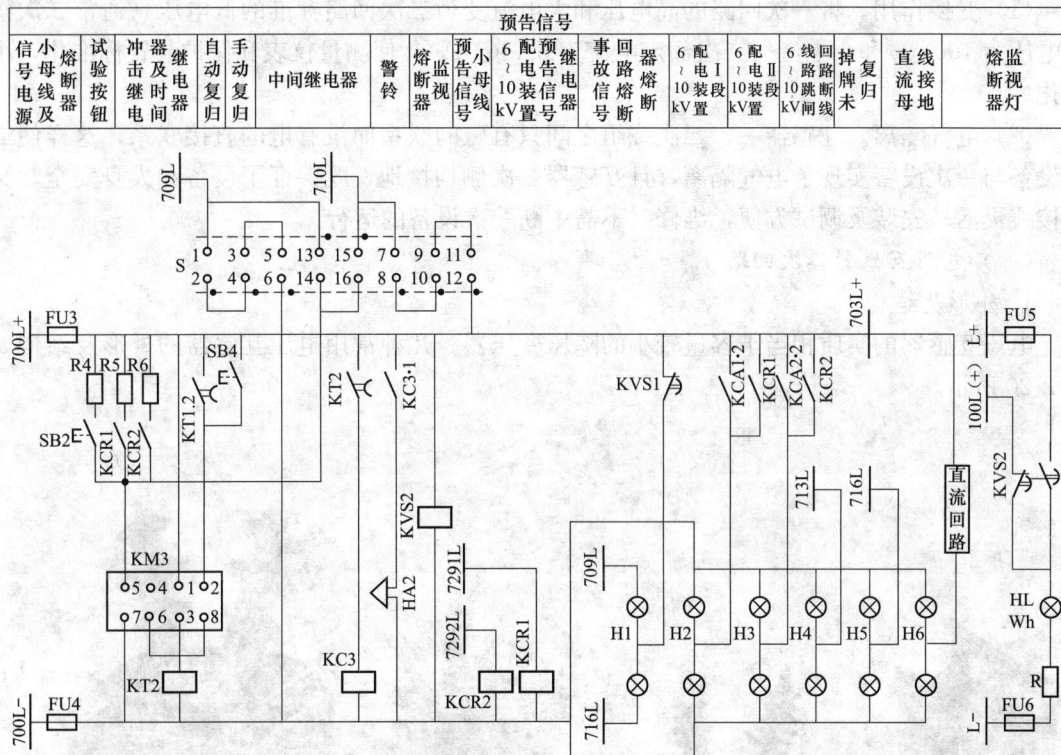

预告信号																		
信号电源及小母线	熔断器	试验按钮	冲击继电器及时间	继电器	自动复归	手动复归	中间继电器	警铃	熔断器	预告信号监视	预告信号小母线	6~10kV配电装置预告信号	继电器	事故信号	回路熔断	器熔断监视	6~10kV配电Ⅰ段装置	6~10kV配电Ⅱ段装置	6~10kV线路跳闸回路间线	掉牌未复归	直流接地母线	熔断器监视灯

图 2-18　JC-2 型冲击继电器构成的预告信号电路

三、互感器二次回路

互感器就是把一次回路的高电压、大电流变换为统一标准的二次低电压、小电流，以供给连接于互感器二次回路的测量仪表、继电保护和自动装置等的一种电气设备。

互感器是一特种变压器，虽然归类于一次设备，却连接在一、二次回路之间，起着一、二次回路连接桥梁的作用。互感器可分为电压互感器 TV 和电流互感器 TA，其原、副绕组在一、二次回路的连接如图 2-19 所示。

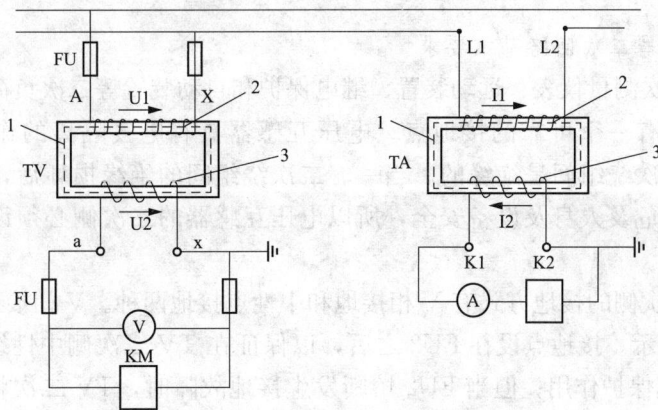

图 2-19　电压互感器、电流互感器的连接

1—铁芯；2——一次绕组；3—二次绕组

互感器的作用是：

(1) 变换作用。将一次回路的高电压和大电流变为二次回路标准的低电压（通常二次额定电压为 100V）和小电流（二次额定电流为 5A 或 1A），使测量仪表和保护装置标准化，小型化。

(2) 电气隔离。互感器一、二次绕组之间只有磁的联系而没有电的直接联系，这样使二次设备与一次设备实现了电气隔离，且互感器二次侧均接地，既保证了设备和人身安全，又使接线灵活、安装及调试方便，维修时不需中断一次设备的运行。

(一) 电压互感器二次回路

1. 外形及结构

电压互感器的实质相当于容量较小的降压变压器。几种常用电压互感器的外形及结构如图 2-20 所示。

图 2-20　电压互感器的外形及结构

(a) JDG—0.5 型；(b) JDJ—10 型；(c) JSJW—10 型；(d) JDZJ—10 型

1—高压端子；2—套管；3—高、低压绕组环氧树脂绝缘；4—铁芯；5—低压端子

2. 对电压互感器二次回路基本要求

(1) 应满足二次测量仪表、远动装置、继电保护和自动装置等二次负荷的具体要求。

(2) 二次侧应有一个可靠的接地点。电压互感器具有电气隔离的作用，在正常情况下，一次绕组和二次绕组间是绝缘的。当一、二次绕组间的绝缘损坏后，一次侧高电压就会窜入到二次侧，危及人身及设备安全，所以电压互感器的二次侧必须设置接地点作为安全接地。

电压互感器二次侧的接地方式有 V 相接地和中性点接地两种。V 相接地的电压互感器二次电路如图 2-21 所示。接地点设在 FU2 之后，以保证在 TV 二次侧中性线上发生接地故障时，FU2 对 V 相起保护作用；但当 FU2 熔断发生接地故障时，TV 二次将失去接地点，为防止这种现象发生，在二次侧中性点与地之间装设一个击穿保险器，起一个后备的安全接地点的作用。

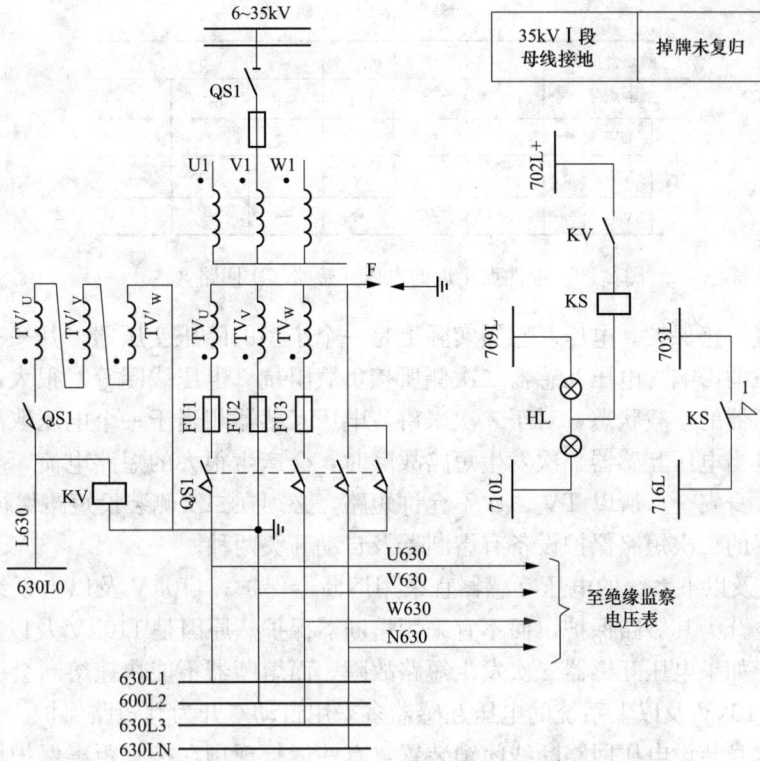

图 2-21　V 相接地电压互感器二次电路

在我国 35kV 及以下电压等级的电压互感器多采用 V 相接地，110kV 及以上的系统中的电压互感器通常采用中性点接地形式。中性点接地的电压互感器二次回路如图 2-22 所示。

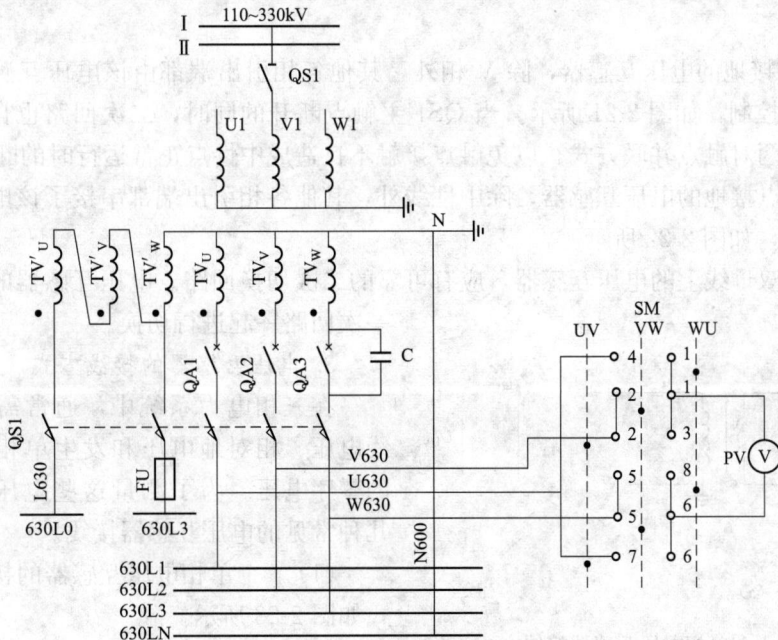

图 2-22　中性点接地的电压互感器二次回路（一）

SM：LW2-5、5/F4-X

触点盒型式	5			5		
触点号	1-2	2-3	1-4	5-6	6-7	5-8
位置 UV ←	—	•	—	—	•	—
位置 VW ↑	•	—	—	•	—	—
位置 WU →	—	—	•	—	—	•

图 2-22　中性点接地的电压互感器二次回路（二）

（3）应设置短路保护。电压互感器实际上是一个小型的降压变压器，其一次侧电压即电网不受二次负载的影响。电压互感器二次侧所接负载阻抗（电压线圈等）很大，二次电流很小，相当于变压器的空载状态，对于二次来讲，电压互感器相当于一个电压取决于一次电压的电压源。一旦当电压互感器二次发生短路故障时，会产生很大的短路电流，会损坏绕组危及二次设备及人身安全，所以 TV 二次不允许短路，必须在二次侧装设短路保护设备。

电压互感器的二次短路保护设备有熔断器及自动开关两种。

一般 35kV 及以下系统的电压互感器宜采用熔断器保护；110kV 及以上系统的电压互感器多采用自动空开为其短路保护，而不宜采用熔断器保护。原因是 110kV 及以上系统的一般装设距离保护，如果电压互感器二次发生短路故障，而熔断器不能快速熔断会引起距离保护的误动，所以 110kV 及以上系统的电压互感器多采用自动空开为其短路保护。但一些新型的距离保护装置本身装设电压回路断线闭锁装置，有些运行现场在接有距离保护场所也采用了熔断器保护，且运行良好。

（4）应有防止从二次回路向一次回路反馈电压的措施。在电压互感器停用及检修时，既要断开其一次侧隔离开关，同时又要切断其二次回路，否则有可能二次侧向一次侧反送电，即反馈电压，在一次引起高电压，造成人身及设备事故。防范措施通常利用隔离开关的辅助触点实现。

对于 V 相接地的电压互感器，除 V 相外，其他各相引出端都由该电压互感器隔离开关 QS1 辅助触点控制，如图 2-21 所示。当 QS1 主触点断开的同时，二次回路也自动断开，其中性线上采用两对触点并联方式，以免触点接触不良造成中性点正常运行时的断开状态。

对于中性点接地的电压互感器，除中性线外，其他各相引出端都串接了该电压互感器的 QS1 辅助触点，如图 2-22 所示。

（5）对于双母线上的电压互感器，应有可靠的二次切换回路。电压互感器的二次应随同一次回路一起进行切换。

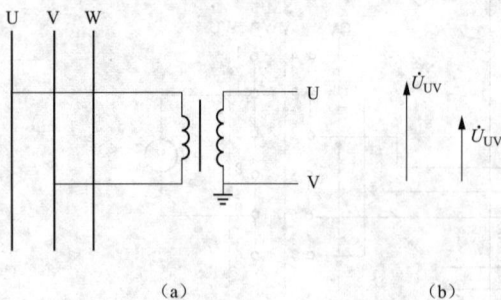

3. 电压互感器的接线方式

在三相电力系统中，通常需要测量的有线电压、相对地电压和发生单相接地故障时的零序电压。为了测量这些电压，下面介绍几种常见的电压互感器接线。

（1）1 个单相电压互感器的接线。接线方式如图 2-23 所示。

图 2-23（a）所示接线中，电压互感器一

图 2-23　1 个单相电压互感器接线方式
(a) 接线原理；(b) 相量

次绕组为线电压，二次绕组的额定电压为 100V，此种接线只能测线电压，应用于小接地电流系统；图 2-23（b）所示接线中，一次绕组为相对地电压，二次绕组的额定电压为 100V，这种接线形式只能测量相对地电压，适用于大接地电流系统。

（2）2 个单相电压互感器的 V-V 形接线。接线如图 2-24 所示。

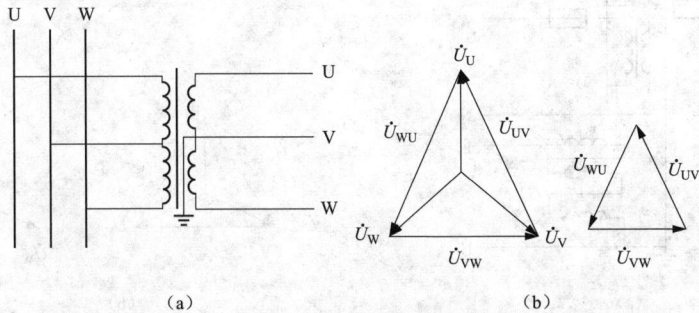

图 2-24　2 个单相电压互感器的 V-V 形接线
(a) 接线原理；(b) 相量

这种接线只能测线电压不能测相电压，二次绕组的额定电压为 100V，互感器一次侧不接地，二次侧采用 V 相接地。适用于中性点不接地系统或经消弧线圈接地系统。其优点可节省一台单相电压互感器，并减少系统中的对地励磁电流，避免产生过电压。

（3）三相三柱式电压互感器的星形接线。接线如图 2-25 所示。

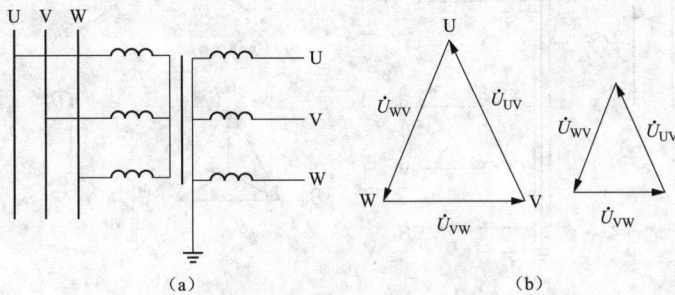

图 2-25　三相三柱式电压互感器的星形接线
(a) 接线原理；(b) 相量

这种接线只可用来测量线电压，其一次侧中性点不允许接地，二次绕组的额定电压为 $100/\sqrt{3}V$。这种接线形式适用于中性点非直接接地系统或经消弧线圈接地系统。

（4）3 个单相电压互感器构成的星形接线。接线如图 2-26 所示。

这种接线中两侧中性点都接地；主二次绕组可用来测线电压及相电压，辅助二次绕组可作接地保护用；主二次绕组的额定电压为 $100/\sqrt{3}V$，辅助二次绕组，对于中性点直接接地系统，额定电压为 100V，对于中性点非直接接地系统或经消弧线圈接地系统，额定电压为 $100/3V$。

（5）三相五柱式电流互感器的接线。接线如图 2-27 所示。

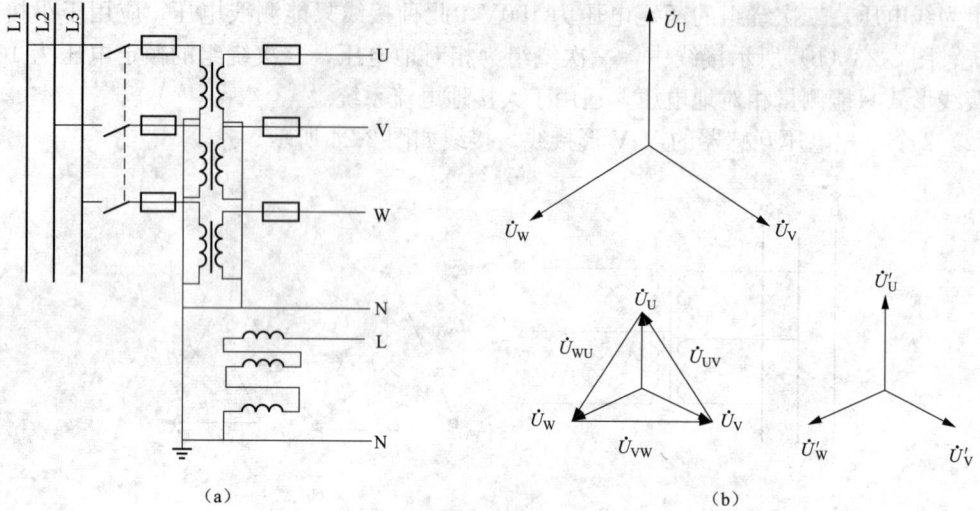

图 2-26　3 个单相电压互感器的星形接线

（a）接线原理；（b）相量

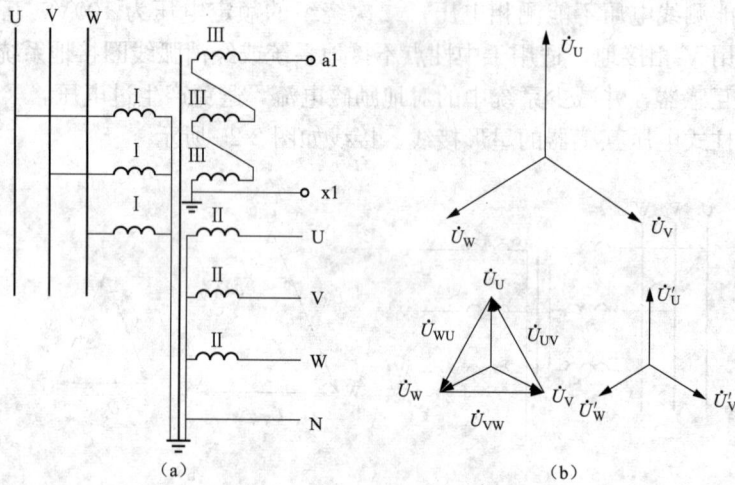

图 2-27　三相五柱式电流互感器的接线

（a）接线原理；（b）相量

在这种接线中两侧中性点都接地，主二次可用来测线电压及相电压，主二次绕组的额定电压为 $100/\sqrt{3}$V，辅助二次绕组可用来接入交流电网绝缘监视装置，其额定电压为 $100/3$V，这种接线形式广泛适用于小接地电流系统。

（二）电流互感器的二次回路

1. 电流互感器的外形及结构

电流互感器其实质是一种特殊的变压器，电流互感器的基本结构与普通双绕组变压器相似，也是由铁芯和绕组两个主要部分组成。它的主要特点是原绕组的匝数很少，一般只有一匝到几匝；而副绕组匝数却很多，常用较细的导线绕制。如图 2-28 所示为几种电流互感器外形结构。

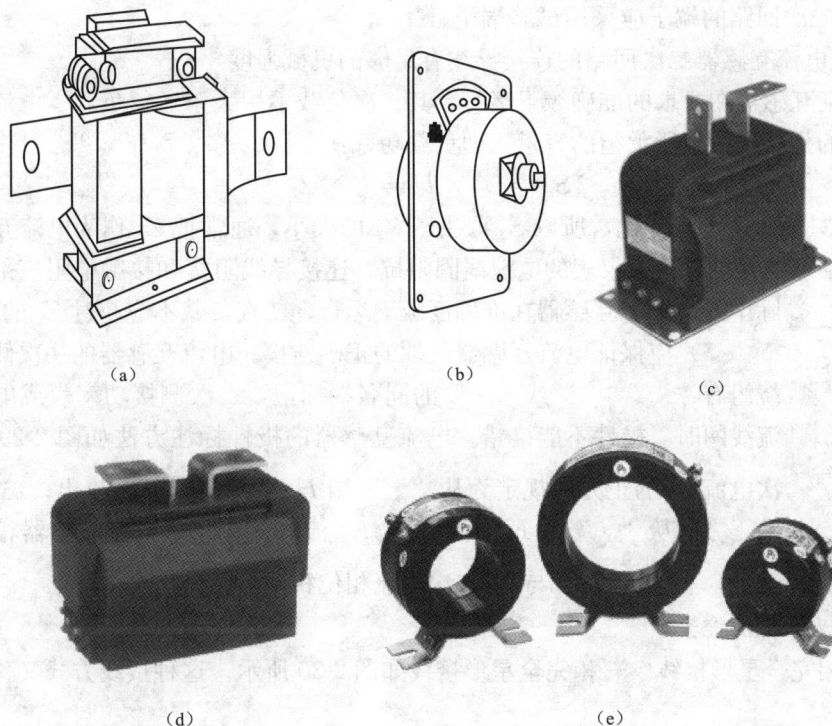

图 2-28　电流互感器外形结构
(a) 干式 LQG—0.5 型；(b) 浇注绝缘式 LDZJ1—10 型；(c) LZJ—12 型；
(d) LZZBJ—10 型；(e) RCT 系列

2. 对电流互感器二次回路的基本要求

(1) 接线方式应能满足测量仪表、远动装置、保护及自动装置电流回路的要求。

(2) 二次侧应有一个可靠的接地点，但不允许有多个接地点。为防止电流互感器一、二次绕组间的绝缘损坏，高电压侵入二次回路，二次侧必须有一个可靠的接地点。一般在配电装置处经端子接地；几组互感器与保护装置相连时，一般在保护屏上经端子接地。

(3) 应有防止二次回路开路的措施。电流互感器实际上是一个变流器，二次电流主要取决于一次电流，相当于一个电流源。

正常运行时，TA 二次负载的阻抗很小，二次侧接近于短路状态，一次电流产生的磁势大部分被二次电流产生的磁势抵消，铁芯中总磁通较小，故二次侧电压很小。一旦二次侧开路，二次电流为 0，二次电流的去磁作用消失，使磁路中的磁通量大增，使铁芯高度饱和，在二次绕组感应出很高的电动势，二次绕组两端出现数百伏至数千伏的高电压，危及设备和人身安全。

电流互感器二次回路开路的防范措施：

1) 电流互感器二次回路不允许装设熔断器等短路保护设备。

2) 电流互感器二次回路一般不进行切换。当必须切换时，应有可靠的防止开路措施。

3) 保护与测量仪表电流互感器一般不合用。当必须合用时，测量仪表要经过中间变流器接入。

4) 已安装好还未使用的 TA 必须将其二次绕组的端子短接并接地。

5）TA 二次回路的端子应采用试验端子。

6）保证电流互感器二次回路的连接导线有足够的机械强度。

（4）保证互感器在要求的准确级下运行，其二次负载不用大于运行负载。电流互感器的二次负载指的是二次绕组所承担的容量，即负载功率：

$$S_2 = U_2 \times I_2 = I_2^2 \times Z_2$$

由于 I_2 只随一次电流变化，所以 S_2 取决于 Z_2 的大小，通常把 Z_2 作为电流互感器的二次负载。包括继电保护、测量仪表的电流线圈阻抗、连接导线阻抗和接触电阻三部分。在实际中要求电流互感器在准确度级下运行，二次负载不应超过 Z_2 的允许值。

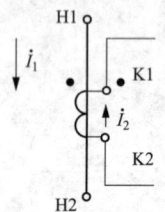

（5）应保证电流互感器极性的正确连接。电流互感器的一次侧、二次侧绕组有"＋""－"或"·"的同名端标记，二次侧接功率表或电能表的电流线圈时，极性不能接错。电流互感器的极性标注方法如图 2-29 所示。一次电流 $\dot{I}_1$ 的正方向规定为从"·"端 H_1 流入，从 H_2 流出；二次电流 $\dot{I}_2$ 的正方向从"·"端 K_1 流出，从 K_2 流入，在忽略电流互感器相位差的情况下，一次电流 $\dot{I}_1$ 与 $\dot{I}_2$ 二次电流相位相同。

图 2-29 电流互感器的极性标注

3. 电流互感器的接线

（1）三相完全星形接线。三相完全星形接线如图 2-30 所示。这种接线方式又称为三相三继电器式接线。

其接线的特点是由于 3 个电流继电器的触点并联，其中任一个电流继电器动作，都可启动整套保护装置，所以此接线能反应各种类型的故障；流入继电器的二次电流与流入继电器线圈的电流相等，即接线系数 $K_{con} = 1$，则在一次回路发生任何类型的短路时，其保护的灵敏度都相同。此接线方式适用于大接地电流系统，在工业企业供电系统中应用较少。

（2）两相不完全星形接线。两相不完全星形接线如图 2-31 所示。它由 2 只电流互感器及 2 只电流继电器构成，通常装设在 U 相和 W 相上，这种接线方式又称为两相两继电器式接线。

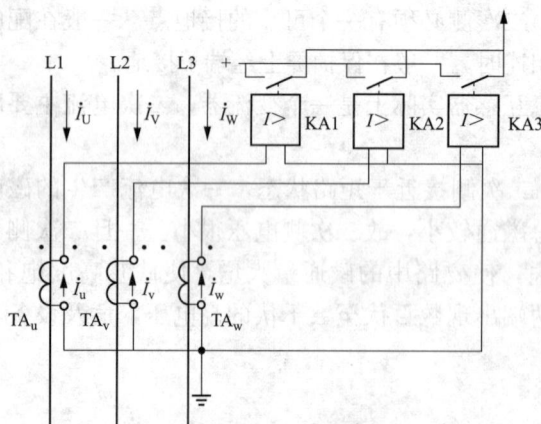

图 2-30 三相完全星形接线　　　　图 2-31 两相不完全星形接线

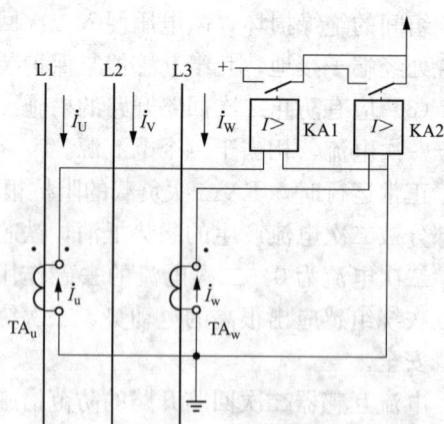

其接线的特点是能反应各种相间故障，但 V 相发生接地故障时不能反应；流入继电器的二次电流与流入继电器线圈的电流相等，即 $K_{con} = 1$，在一次回路发生任何类型的相间短路故障时，其保护的灵敏度都相同。此接线方式，广泛应用在小接地电流系统中，作为相间短

路保护用。

（3）两相电流差接线。两相电流差接线如图 2-32 所示。它是由 2 只电流互感器和 1 只电流继电器构成，所以这种接线方式又称为两相一继电器式接线。

从图 2-32 中可以看出这种接线方式流入继电器的电流为 2 只电流互感器二次电流的相量差，即 $\dot{I}_K = \dot{I}_u - \dot{I}_w$，在正常运行和发生不同形式的故障时，流入继电器的电流也有所不同。

在对称运行和发生三相短路时，$I_K = \sqrt{3}\,I_u = \sqrt{3}\,I_w$，则 $K_{con} = \sqrt{3}$，如图 2-33（a）所示；U、W 两相短路时，$I_K = 2I_u^{(2)}$，则 $K_{con} = 2$，如图 2-33（b）所示；U、V 或 V、W 两相短路时，$I_K = I_u^{(2)}$ 或 $I_K = I_w^{(2)}$，则 $K_{con} = 1$，如图 2-33（c）所示。

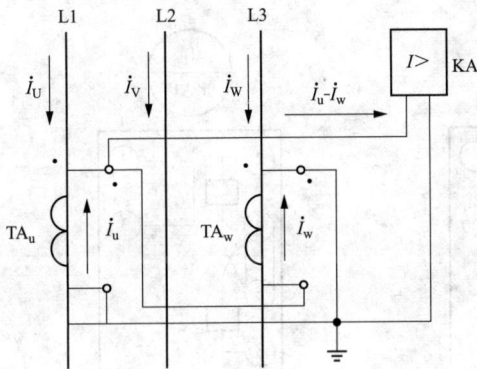

图 2-32　两相电流差接线

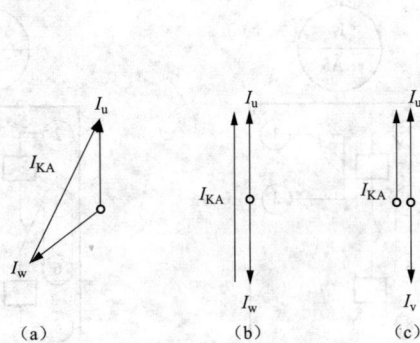

图 2-33　两相电流差接线在不同短路情况下电流相量图
（a）三相短路；（b）U、W 相短路；（c）U、V 相短路

由以上分析可知，这种接线的特点是能反应各种相间短路故障；在不同的短路形式下 K_{con} 是不同的，即在不同短路故障形式时，保护具有不同的灵敏度。这种接线方式与两相不完全星形接线相比，少用 1 个继电器，接线较为简单经济，其主要用于中性点不接地系统的变压器、电动机及线路的相间保护。

四、任务所用图纸

任务用图纸如图 2-34～图 2-36 所示。

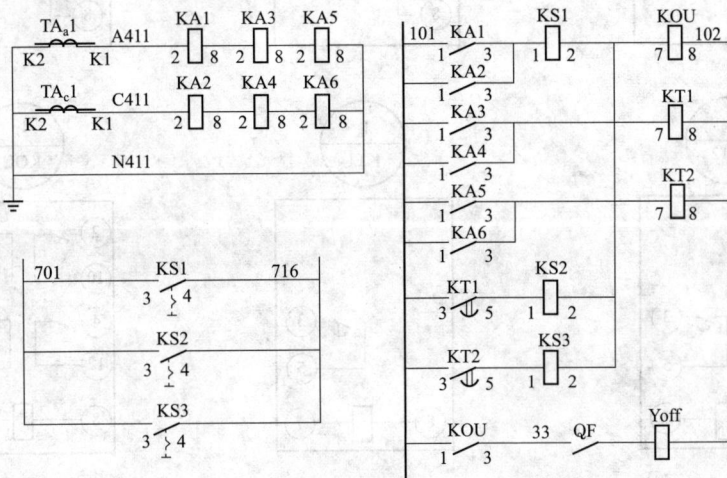

图 2-34　三段式过电流保护回路展开接线

X	TA$_a$-K1	TA$_c$-K1	TA$_a$-K2													
	A411	C411	N411		101	33	102		701	716						
	1	2	3	4	5	6	7	8	9	10	11	12	13	14	15	16

图 2-35 三段式过电流保护端子排

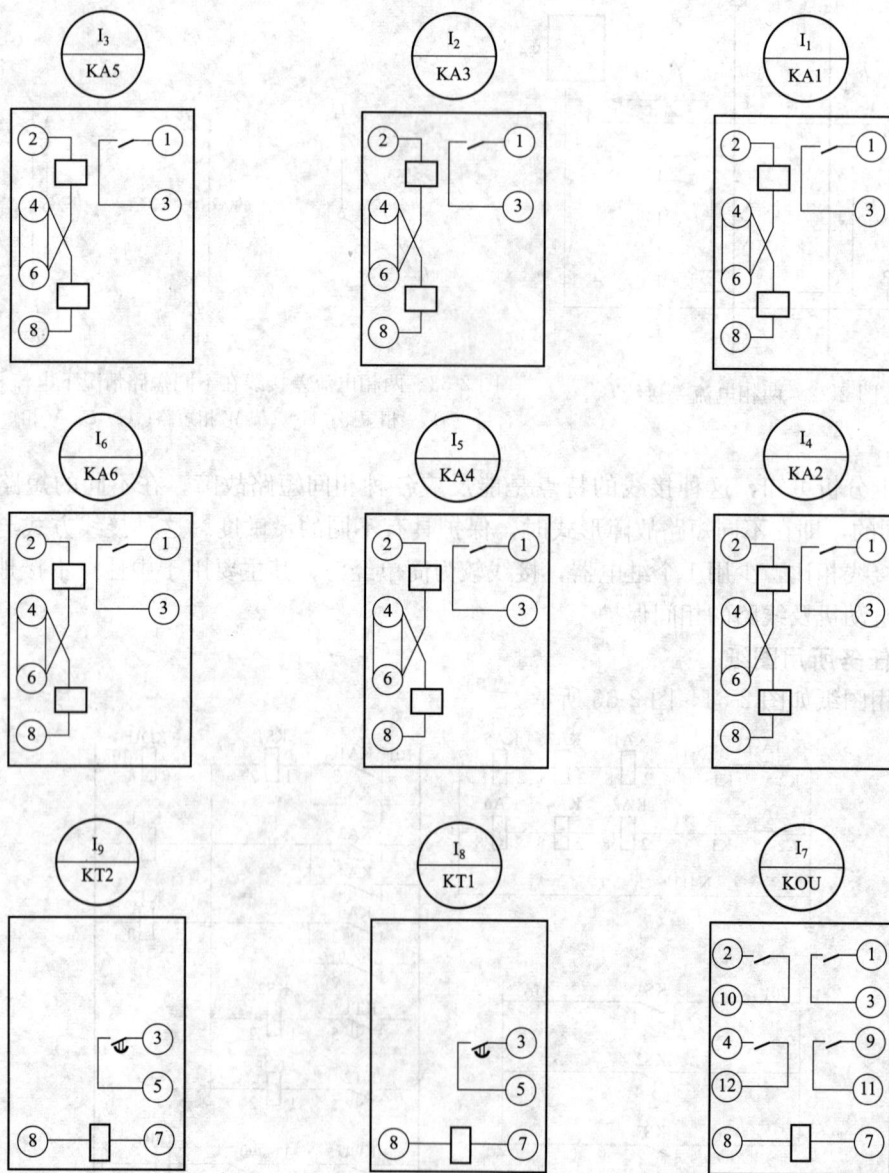

图 2-36 三段式过电流保护装置的屏后接线（一）

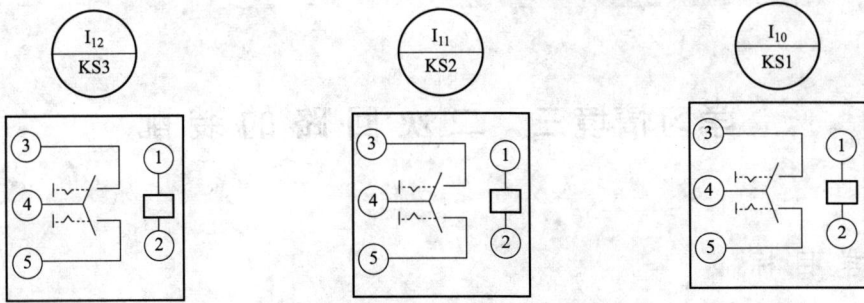

图 2-36　三段式过电流保护装置的屏后接线（二）

学习情境三　二次回路的装配

教学目标

1. 专业能力目标
(1) 掌握二次回路装配的工艺要求、装配步骤与方法。
(2) 能独立进行二次回路的装配。
(3) 通过对 10kV 线路保护屏的安装操作，能熟练运用工具与仪表。

2. 社会能力目标
(1) 培养学生的沟通能力及团队协作精神。
(2) 培养学生分析问题、解决问题的能力。
(3) 培养学生勇于创新、敬业乐业的工作精神。
(4) 培养学生的质量意识，细心、严谨、踏实的工作作风。
(5) 培养学生的安全意识，文明、按规操作，养成良好的职业素养。

3. 方法能力目标
(1) 文件资料收集整理能力。
(2) 制订实施工作计划、检查与评价能力。

工作任务

10kV 线路保护柜的装配。

任务描述

在掌握二次元件的结构和作用的基础上，根据给定的 10kV 线路保护的安装图纸和二次配线工艺要求，在盘体上安装元件并配线，使之达到图纸的功能。配线任务包括交流电流回路、交流电压回路、断路器控制回路、信号回路、一次自动重合闸装置、端子排等。

任务准备

1. 任务分工　操作人＿＿＿＿＿＿＿＿监护人＿＿＿＿＿＿＿＿

2. 所用工具及材料
所用工具及材料见表 3-1。

表 3-1　　　　　　　　　　　所用工具及材料

种类	名称	型号	数量	确认
仪器仪表	绝缘电阻表	500V	1 台	

续表

种类	名称	型号	数量	确认
工具	剥线钳		1把	
	圆嘴钳		1把	
	偏口钳		1把	
	套筒扳手		1套	
	螺钉旋具	十字、一字	2把	
	尖嘴钳		1把	
	盒尺	2m	1个	
材料	铝导线	BLV-2.5	50m	
	标号管	$\phi2.5$	1.5m	
图纸资料	安装图纸		1套	

3. 危险点分析与预控

危险点分析与预控格式见表 3-2。

表 3-2　　　　　　　　　危险点分析与预控格式

危险点	预防措施	确认签名

任 务 实 施

1. 制定工作流程，画出流程图。
2. 按方案进行实施。

知 识 链 接

单元一　二次回路装配前的准备工作

一、二次回路装配前的准备工作

配线人员接到装配工单后，应做好以下工作：

（1）核对工单所列项目与装配要求是否相符。

（2）凭工单领取所用二次设备和元件并核对二次设备和元件的型号、数量是否与工单一致。

（3）检查二次设备和元件、产品铭牌、合格证等。

（4）检查所需的材料、工具、仪器等是否齐全。

（5）检查施工图纸是否清楚、完整。

二、继电器的一般性检查

1. 继电器的检查内容

（1）外壳透明罩应完整，嵌接良好，有可靠的防尘密封设施，内部应清洁无尘埃和油污。

（2）外部带电的导体部分与金属外壳之间及两带电导电部分之间的电气间隙和爬电距离应符合规定要求。

（3）感应性继电器转动部分应灵活无卡涩现象，圆盘与电磁铁、永久磁铁间应清洁无物，上下轴承间隙应合适。

（4）检查机电性继电器可动部分的灵活性，转轴的横向、纵向活动范围是否合适。

（5）检查静态继电器的印刷电路板表面及焊接质量。

（6）检查各零部件的安装与装配质量。

（7）检查整定机构、插件、弹簧、按钮、开关和指示器的质量。

（8）检查触点的质量。

2. 继电器的检查要求

（1）继电器外部的电气间隙和爬电距离的最小值应满足表 3-3 的要求。

表 3-3　　　　　　　　继电器外部的电气间隙和爬电距离的最小值

回路额定绝缘电压（V）	最小电气间隙（mm）		最小爬电距离（mm）
	L-L[①]	L-M[②]	
$U_N \leqslant 60$	2.0	3.0	3.0
$60 < U_N \leqslant 380$	4.0	6.0	6.0

① 表示两带电部分之间的电气间隙。

② 表示带电部分和暴露的金属零件之间的电气间隙。

（2）所有焊接处不应出现虚焊、假焊现象，印制线路板应无锈蚀。

（3）机电性继电器的弹簧应无变形，当由起始位置转至最大刻度位置时，层间距离要均匀，整个平面与转轴要垂直。

（4）插件应接触可靠、拔插方便，整定机构应可靠地固定在整定位置，整定插头插针与整定孔的接触应良好。

（5）各部件的安装应完好，螺栓应拧紧，焊接头应牢固可靠。

（6）按钮、开关等电气元件操作应灵活，经手动 5 次不应出现发卡现象。

（7）插拔机构及活动盖板等应灵活，不应磕碰其他部位。

（8）继电器的触点铆接要牢固，无挫伤和烧损现象，动合触点闭合后应有足够压力。

单元二　二次回路装配的要求

二次回路装配的基本要求是按图施工、接线正确；电气连接可靠、接触良好；配线整齐美观；导线无损伤、绝缘良好，经济、安全。具体要求如下：

一、绝缘导线和电缆的要求

（1）二次回路使用的绝缘导线和控制电缆的工作电压一般不低于 500V，沿较长高压电缆并行敷设的控制电缆应选用相适应的额定电压。

（2）测量、控制、保护回路除断路器电磁合闸线圈外应采用铜芯的控制电缆和绝缘导线。

（3）按机械强度的要求，采用的电缆芯或绝缘导线最小截面积为，连接于强电端子的铜芯导线截面积不应小于 $1.5mm^2$；连接于弱电端子的、远动装置使用的铜芯电缆直径不应小于 $0.5mm$。电缆芯或绝缘导线截面积的选择还应符合下列要求：

1）电流回路。电流测量回路应保证表计工作在规定的准确度范围内，保护回路应保证电流互感器工作在 10％误差范围内，但电缆芯截面积不应小于 $2.5mm^2$。

2）电压回路。由电压互感器到计费用电表的电压损失不应超过 0.25％；在正常负荷下，电压互感器到测量仪表的电压损失不应超过额定电压的 1％～3％；当全部保护装置和仪表工作时，电压互感器到保护和自动装置屏的电压损失不应超过额定电压的 3％，但电缆芯截面积不应小于 $1.5mm^2$。

3）控制回路。在正常最大负荷时，控制母线到各设备的电压损失，不应超过额定电压的 10％。

（4）在绝缘导线和电缆可能受到油侵蚀的地方，应选用耐油绝缘导线和电缆。

二、屏内部接线要求

（1）屏内导线应成束，线束排列要横平竖直、布置合理、整齐美观。

（2）屏内导线一般采用塑料绝缘铜芯导线，一般选用 BV 型，当导线截面积在 $6mm^2$（多股）或 $10mm^2$（单股）以上时，应使用终端附件。

（3）捆扎导线的夹具应结实可靠，不应损伤导线的外绝缘，对于标称截面积为 $1.5mm^2$ 导线束，导线数量一般不应超过 30 根，夹具与导线束之间应有绝缘垫层。

（4）在可运动的地方布线，必须采用多股铜芯软导线，要留有一定的长度余量，并用缠绕带等予以保护，不至于产生任何机械损伤，同时还应将线束固定牢固。

（5）线束不能紧贴金属构件敷设，穿过金属板时，应装在绝缘管内。

（6）屏内同一安装单位各设备之间的连线一般不经过端子排，连接导线之间不允许有接头和分支，一个端子或一个接线柱一般只允许接 1 根导线，最多不超过 2 根，当用螺栓连接 2 根导线时，中间应加平垫片。

（7）接到端子和设备上的绝缘导线和电缆芯应有正确的标记。

（8）导线不应承受减少其正常使用寿命的任何应力。

（9）电缆芯线和所配绝缘导线的端部均应标有标号牌，标号应正确，字体应统一，字迹清晰且不易脱色。

（10）导线与端子或接线柱连接时必须加平垫或花垫，由内向外的顺序依次是平垫-导线-平垫-导线-平垫-花垫-螺母（2 根线）；平垫-导线-平垫-花垫-螺母（1 根线）。

（11）导线和线束一般用手弯成直角慢弯，禁止使用钳子和有棱角的东西弯曲导线，弯曲半径一般为导线直径的 3～6 倍。

（12）接往电气元件的导线，一般应从端子排内侧或上侧引出，电源从外侧或下侧接入，导线在端子排或元件附近不应有交叉现象。

（13）导线与螺栓或接线柱连接时应弯成圆环，弯曲方向与螺栓旋入方向一致，圆环最好用圆嘴钳弯成。

（14）与屏相连接的电缆在与端子排连接之前，都应用电缆卡子固定在支架上，使端子不受任何机械应力。

（15）由电缆头至端子排的电缆芯线全长应套上塑料软管。

三、屏外部接线要求

（1）二次回路用的控制电缆最好选用橡胶绝缘或聚氯乙烯绝缘的铜芯电缆。

（2）引入屏的电缆应排列整齐，编号清楚，避免交叉并应固定牢固，不得使所接的端子排受到机械应力。使用静态保护、控制等逻辑回路的控制电缆，应采用屏蔽电缆，并按设计要求的接地方式接地。铠装电缆在进入屏后，应将钢带锯断，将切断处的端部扎紧，并将钢带牢靠接地。

（3）橡胶绝缘芯线应用外套绝缘管加以保护。

（4）屏内的电缆芯线应按垂直或水平有规律地配置，不得任意歪斜交叉连接。备用芯线长度应留有适当的余量。

（5）强、弱电回路及交、直流回路不能使用同一根电缆，还应分别成束分开排列。

（6）尽量采用整根控制电缆，当控制电缆的敷设长度超过制造长度时，或由于屏体的迁移而使原来的电缆长度不够时，或更换电缆的故障段时，可用焊接法连接电缆，也可借用其他屏上的端子来连接。

（7）接至屏上的控制电缆应接到端子排、试验盒或试验端钮上，接至互感器或单独设备的电缆，可以直接接到这些设备上。

（8）控制电缆及接到端子和设备上的绝缘导线和电缆芯应有标记。

（9）控制电缆弯曲半径与电缆外径的比值不应小于 10。

四、二次端子排接线要求

（1）屏内与屏外二次回路连接、同一屏上各安装单位之间的连接及转接回路等，均应通过端子排。

（2）屏内设备与直接接在小母线上的设备（如熔断器、电阻、开关等）的连接一般经过端子排。

（3）电流回路应经过试验端子。预告、事故信号回路和其他需断开的回路（如试验时断开的仪表、至闪光小母线的端子等），一般经过特殊端子或试验端子。

（4）端子排应无损坏，固定牢固，绝缘良好，端子应标注有序号，端子排应便于更换且接线方便。端子排配置应满足运行、检修、调试的要求，并尽可能适当地与屏上的设备相对独立。强、弱电端子应分开布置，当有困难时，应有明显标志并设空端子隔开或增设加强绝缘的隔板。正负电源之间及经常带电的正电源与合闸或跳闸回路之间，应以一个空端子隔开。潮湿环境应采用防潮端子。绝缘件应采用自熄性阻燃材料。

（5）每个安装单位应具有独立的端子排。同一屏上有几个安装单位时，各安装单位端子排的排列应与屏面布置相配合。

（6）每个安装单位的端子排，一般按下列回路分组，由上而下或由左至右的排列顺序为：

1）交流电流回路按每组电流互感器分组，同一保护方式的电流回路一般排在一起。

2）交流电压回路按每组电压互感器分组。

3）信号回路按预告信号、位置信号、事故信号和指挥信号分组。

4）控制回路按熔断器配置原则分组。

5）转接端子排列顺序为本安装单位端子，其他安装单位的转接端子，最后排小母线转接用的转接端子。

（7）当一个安装单位的端子过多，或一个屏上仅有一个安装单位时，可将端子排成组，布置在屏的两侧。

（8）每一安装单位的端子排应编有顺序号，并应尽量在最后留 2～5 个端子作为备用端子。当条件许可时，各组端子排之间也应留有 1～2 个端子作为备用端子。在端子排两端应有终端端子。

（9）端子排距屏的后端距离不应小于 160mm，同一侧安装两排端子时，其间隔距离不应小于 100mm，靠后的端子排与屏的后端距离不应小于 75mm，以便电缆的敷设。

（10）屏的正面及背面各电器、端子排等应标明编号、名称、用途、操作位置，其标明的字迹应清楚、工整，且不易脱色。

在实际工作中，为了保证生产的实效和产品的质量、在参照国标 GB 50171—2012《电气装置安装工程盘、柜及二次回路接线施工及验收规范》和生产实际，编写适合本单位的二次接线工艺文件。下面是某单位盘柜生产中使用的二次接线工艺书。

×××厂二次接线工艺

一、适用范围

本工艺适用于高、低压成套配电装置、电力传动装置、自动控制装置及非标准台、箱、柜内部的二次接线。

二、引用标准

依据 GB 7251《低压成套开关设备和控制设备》系列标准、GB/T 6995.2—2008《电线电缆识别标志方法　第 2 部分：标准颜色》等标准制定。

三、工具及材料

斜口钳，尖嘴钳，扁口钳，剥线钳，压线钳，4″～10″一字螺钉旋具，4″～10″十字螺丝刀，6″～7″、8″～10″、12″～14″活扳子，烫号机，打号机，75W 电烙铁，试灯；导线（单股和多股）、螺纹管、异型塑料管、尼龙扎带等。

四、准备工作

（1）领取二次接线图，熟悉接线图、技术要求及装置的安装布置。

（2）按图纸规定的导线型号、规格及数量领料。在图纸无规定的情况下，也可根据导线截面积型号、规格按下面要求进行选择：

1）在无特殊要求下，选用黑颜色的绝缘导线。

2）固定线束最小选用 BV1.5mm² 单股塑料绝缘铜芯线。

3）活动线束最小选用 BVR1.5mm² 多股塑料绝缘铜芯线。

4）电流回路最小选用 BV2.5mm² 或 BVR2.5mm² 单股、多股绝缘铜芯线。

5）计量车采用 BVR4mm² 多股绝缘铜芯线；PT 车采用 2.5mm² 多股绝缘铜芯线；其他小车采用 1.5mm² 多股绝缘铜芯线。

（3）领取配线用辅助材料，包括各种冷压端子、尼龙绑扎带、过门波纹管及过门线卡及螺钉、螺母、平垫圈、弹簧垫圈等。

（4）将元件标签按图纸元件的安装位置粘贴在元件的左上方，特殊情况下可以例外（如高压柜安装板上装的空开元件，标识签在正下方，空开标识贴在正上方）。贴标签时，应以抹布清擦干净；要求各元件标签粘贴整齐，不得歪斜，不准贴在电器元件上。

五、布线的工艺过程和基本要求

1. 电器元件安装要求

（1）查看电器元件是否具有合格证，元件外表有无损坏，按二次接线图纸核对电器元件型号规格是否正确，方能进行安装。安装时注意安装是否正确、牢固。二次线路由是否打通（指：需通过预留孔的情况）。

（2）仪表门上的电器元件按背视图进行安装，其他元件按正视图安装。

（3）元件应该按照使用说明书安装，需要分离安装时，应保证安装前后操作位置一致（如转换开关，建议打到"0"后拆卸）。

（4）按图纸要求选择端子，并按照端子排图纸要求依次将端子插入导轨，将导轨固定在导轨架上或者安装板上。

2. 布线的基本要求

（1）根据需要试测路线长度，然后下线，并将下好的线束勒直。

（2）导线排列整齐美观，作到横平竖直。线束布置应横平竖直、整齐美观，接线后导线应留有一定裕量，外露部分不允许有交叉现象，更不能生拉硬拽。导线中间不允许有连接点。

（3）导线不应承受外力，以免在正常使用中降低使用寿命。

（4）导线线束转弯处应有圆弧过渡，以避免应力集中。线束应有线夹或固定座固定，以免受振动和冲击造成破坏。导线接线端应弯成 U 形缓冲环。弯制方向按螺钉旋入方向，特殊情况下例外。

（5）线束的捆扎不得因捆扎力而降低导线绝缘。

（6）跨越翻板或门板的导线或线束应留有活动裕度，并用缠绕管包扎，以防因运动或摩擦破坏导线绝缘。

（7）穿越金属板的导线或导线线束，应有绝缘护套，穿越绝缘板的导线或导线线束应有防护性护套。布线时躲开尖锐位置。

（8）过门地线不应过长，当门开至最大时，线刚好不紧绷。

（9）接线座或电器元件的连接端子，一般不宜连接 2 根导线。必须连接 2 根导线时，应采取可靠的连接措施。

3. 线号管要求

（1）按接线图的规定，打印元件符号牌及异形管接线号管，线号管长度：端子板两侧 25～30mm，仪表门部分 18～20mm，当线号管字多时可根据实际情况增长。

（2）线号应清晰、正确、完整，不允许用线号笔进行涂改。

（3）能用线号机打印的线号必须用线号机打印，线号机无法打印的特殊符号应事先预留适量的空位后用黑色线号笔的细头补充完整，打错、穿错的线号应及时更换。

（4）水平布置的线号上的字，水平看去应为正字，垂直布置的线号上的字，应在向左侧扭头时看到正字。

（5）凤凰端子类端子的端子序号应统一放置在端子的左侧，即放在水平放置的端子排的下侧，需要手写的端子序号应用黑色线号笔的细头工整清晰书写，不允许涂改。

4. 接线要求

(1) 导线线束一般不宜超过 50 根导线。

(2) 使用同一张图纸接出的所有柜子接线效果应一致，元器件布置也应完全一致，包括端子排的排列位置和数量等。

(3) 同一种柜型接线风格应统一，即同类、同型元件上的甩线方式应完全一致。

(4) 剥线长度应长短适宜，不压线皮，不外露导体，线圈大小应合适，顺时针压入，与平垫紧密接触无明显外露。

(5) 严格按接线图的位置甩线、接线，不得擅自变更左右、上下位置。

(6) 导线线束不应紧贴金属板或金属构件敷设，以免降低绝缘。

(7) 无论用什么配线方法，导线与端子的连接必须牢固、可靠。

(8) 连接到发热元件上的导线，必须充分考虑散热的需要，接线端应位于发热元件的下端，应充分考虑发热对导线绝缘的影响，必要时应采取适当的防护措施。

(9) 接地回路应保证电气连接的连续性（注意使用爪垫）。

(10) 导线应远离有飞弧距离要求的电气元件（布线时必须在飞弧距离以外，如高压柜传感器接线无需绕弯、欲留长度）；以及在发热元件的上方进线布线。

5. 标识牌要求

元件的二次标牌，端正贴于元件的正下方，同一排元件的标牌应水平成一线。特殊情况下可以例外，但必须保证同一个项目的产品统一粘贴。

6. 自检、互检要求

(1) 检前应确保柜内卫生整洁、无杂物（包括线头、扎带、焊锡液、螺钉、螺母等）。

(2) 检前应确保螺钉禁锢（特别注意条门，二次元件安装板等部件），一些待检元件除外（如电流互感器等）。

(3) 检前应确保所有元件、线号、线束已整理工整，线头连接可靠，所有标识完整、齐全、正确、牢固。

六、配线工艺过程和技术要求

(一) 行线槽方式配线

1. 一般要求

(1) 选择合适规格和尺寸的槽体，线束布放后不应使槽体内导线过于拥挤而产生变形。

(2) 导线在槽体内应舒展布放，允许导线有一定的弯度，不强求导线布放整齐但不能相互交叉，且不能影响槽体合盖，避免使用扎带、导线捆扎。

(3) 导线在通过槽体断面转弯时，不能与槽体发生摩擦，以免破坏导线绝缘。

(4) 导线从槽体引出时，应从就近的槽口出线。

2. 下线要求

(1) 根据接线图和元器件安装位置决定导线走向，确定走向的原则是以最短的路由为准，以元件为起点，用导线或卷尺按路由测定下料长度，进行下料。要求导线裕量不大于100mm。

(2) 下料的程序是从上部元件开始，从左至右，从上到下，逐一测定下料；2 个以上相同产品，只按 1 个装置测定下料长度。

3. 配线工艺过程

（1）下料后的导线从一端开始，按图纸的规定，套线号管，使用剥线钳剥去线皮，剥头处的绝缘必须去除干净，并不得损伤线芯。

（2）多股软线在绝缘导线剥头后需要捻紧，捻线时用力不可过猛，以芯线不离开主体芯线为宜。捻线的旋转方向应与原线芯方向一致，旋转角度约为 30°～40°。

（3）剥去的线皮长度按冷压端子尺寸和形式决定，首先做一试件，然后按试件的剥皮长度决定剥线钳的挡板尺寸，做到整齐划一，误差不大于 1mm，套入冷压端子后，铜线不得外露。

4. 冷压端子压接

按不同规格导线和冷压端子型号，选用冷压钳的压口逐一进行压接，压力必须到位，并不准使用其他压钳或斜口钳压接冷压端子。压接后进行搪锡，并将焊锡膏擦净。

对热搪锡的要求：

（1）采用松香酒精液或中性助焊剂，在离开绝缘层 1～2mm 处搪锡，时间约 2s。

（2）热搪锡后的芯线表面应整洁光亮，用干净棉布擦净端头的助焊剂，不应有多余的锡料堆积或锡料添充不足。

5. 接线及行线

（1）按从上到下、从左到右的规律，以电器元件为单元，逐一进行接线。

（2）接线时，必须压紧端子螺钉，一般 0.75～2.5mm² 多芯导线接线后应承受 10～20kg 的拉力。

（3）行线时，首端接好后，应先将最长的导线放入行线槽，然后逐一由远至近将导线放入行线槽中，注意减少交叉，并剪掉多余长度，剥去另一端线皮、压接冷压端子及接线。

（4）线束弯曲半径 $R \geqslant 2$ 倍线束直径，不得打死弯，要保证圆滑弯曲和导线在线束中不交叉。

（5）布线时，要求线束不在电器喷弧距离内及顺一次线平行敷设，不得贴在结构件上敷设，防止过电压击穿二次线。

6. 线束配线要求

二次线束在电器元件周围的绑扎位置和间距应符合线束配线工艺要求。

7. 导线布置要求

导线进入行线槽应整齐美观，间距相等，不能扭曲，线号管字迹朝外、高低一致。

（二）线束方式配线

1. 线束的捆扎应注意的电磁兼容问题

（1）大电流的电源线不能与低频率的信号线捆扎成一束。

（2）没有屏蔽措施的高频信号线不得与其他导线捆扎成一束。

（3）高电平与低电平的信号线不能捆扎在一起，也不能与其他导线捆扎在一起。

（4）高频信号输入线与输出线不要捆扎在一起。

（5）必要时可在线束中设置备用导线，以便某一导线损坏时更换。

2. 线束直径的规定

线束最大外圆直径应不大于 ϕ25mm，否则应分为多束敷设。

3. 规划线束敷设路由

根据装置的电器布局和结构特点。

(1) 规划路由应沿安装梁、板，能够紧贴绝缘支架生根的部位，同时避开和一次线、母线、电器发热部位靠近的地方（一般大于等于 10mm）。

(2) 与一次线垂直相交叉时，也应大于等于 10mm；不应靠近一次线并平行敷设线束。线束在敷设中应横平竖直，并选择最短路由，以节省导线。

4. 线束配线下料要求

线束配线下料、剥线皮、套线号管、压冷压端子及接线，当路由规划好后，应按下列规定下料：

(1) 单件产品应按路由实测导线长度，测 1 根按路由敷设 1 根。剥线皮、套号管、压冷压端子及接线按前边行线槽敷设方式的规定进行。

(2) 小批量产品（简单的 10 台件以下、复杂的 25 台件以下），确定线束路由后，按电器布局从上到下、从左到右、从远至近的原则，确定接线次序，先实测首根导线的长度，按该长度下完这批产品的第 1 根导线，然后再按这批线第 2、3、……根导线依次进行，按剥线皮、套线号管、压冷压端子的规定接好这批线，直至完成下料至接线的全过程。

(3) 大批量产品可按单台产品的方式先做 1 台正规的二次配线，并按线束支撑、绑扎、打弯的规定做出样机，修改不合理的部分，经检验员检验合格后，将全部二次线束拆下，逐一测量每根导线的长度，列出导线长度表，将这批产品的导线，按此表全部下料完毕，逐一剥线皮、套线号管、压冷压端子。统一按线束配线的规定进行产品的配线、支撑与绑扎。

5. 线束的绑扎与支撑

(1) 线束整理。要求避免外部明显交叉，可根据近距离在外、中距离在中部、远距离在内部的方法整理线束，以改善线束的外观质量。

(2) 线束绑紧。

1) 在独立安装的电器元件接线时，小型元件应 1 个元件 1 个线束引出，大型元件或密集安装元件根据线束布置可分为上下或左右两个线束引出。

2) 主线束绑扎。原则上绑扎带间距小于等于 50mm，但转弯处应增加绑扎且用扎带将线束捆绑在绝缘支架上。

6. 线束的支撑

(1) 当路由上有支架时，可将线束捆绑在绝缘支架上；无支架时，一般采用绝缘不干胶粘块固定，大小应视线束直径决定。用来保证线束与柜体金属结构保持绝缘距离，以免过电压击穿二次线。

(2) 支撑间距及支撑点的选择应保证线束在敷设路由上牢固稳定。直线部分的支架间距一般为：

1) 线束直径为 $\phi10 \sim \phi15$mm 时，支架间距小于等于 100mm。

2) 线束直径为 $\phi15 \sim \phi25$mm 时，支架间距小于等于 150mm。

(3) 弯曲处支点的规定为不准在线束弯曲部分装支架。

（三）过门线

采用专用波纹管及线束方式，过门时按下列方式：

过门线束综合直径不应大于 30mm，否则应分为多束过门，过门管直径应大于线束直径的 1.5 倍。

（四）混合配线方式

按"五、布线的工艺过程和基本要求"中的 1 和 2 的规定执行。

（五）线束穿越板孔要求

线束穿越板孔必须按开孔直径大小选择橡皮绝缘护套，将其套在板孔上，不得使线束受伤及碰到钢板上。

（六）标号牌要求

电器元件接线标号牌的方位应符合水平放置的标号牌的字由左向右读，垂直放置的标号牌的字由下向上读。

七、辅助电路接线

（1）辅助电路均应采用绝缘铜导线。绝缘导线的额定电压不应低于电路的额定绝缘电压。

（2）导线截面积的选择。

1）采用单股导线时，导线的截面积不应小于 $1.5mm^2$；采用多股导线时，导线的截面积不应小于 $1mm^2$。

2）对于电流互感器的二次回路，其截面积不得使互感器负荷超过规定值。

3）弱电回路可采用截面积不小于 $0.5mm^2$ 的绝缘导体。

4）在计费的电能装置中，所使用的导线种类、截面积应符合国家现行标准的规定。

（3）绝缘导线的颜色应符合 GB/T 6995.2—2008《电线电缆识别标志方法　第 2 部分：标准颜色》的规定，即接地保护线应采用黄绿双色线，其他不须标明电路特征的辅助电路，宜采用黑色线。

（4）导线不应有中间接头。

（5）多股导线端部应加冷压端头接线或采用搪锡后弯曲成 U 形环接线。弱电回路中截面积小于 $1mm^2$ 的单股导线应采用锡焊或其他合适的方式接线。

（6）每个端子接线不得超过 2 根。

（7）采用行线槽布线时，行线槽应横平、竖直布置。

（8）可动部位的导线应采用多股软线，敷设长度应有适当裕度。可动线束不得用捆扎带捆扎，可采用缠绕管作防止线束散乱的缠绕；可动线束两端应采用线夹固定。

（9）导线端部应有耐久、清晰的标记，标记内容应符合现行的国家标准 GB 4884—1985《绝缘导线的标记》的规定。

（10）电流回路需经过端子接至测量仪表；其他需断开的回路需经特殊端子或端子接出。

（11）辅助电路接线座上的每个端子均应有耐久、清晰的序号标记。

八、质量要求

（1）电气连接应有足够的力学强度，接线牢固可靠。

（2）实现电气连接的回路应符合接线图设计要求。

（3）电气连接件应具有一定的防腐蚀性能和阻燃性能。

（4）电气连接的载流量应符合设计要求并留有一定裕度。

（5）实现电气连接后的接触电阻应符合技术要求，一般情况下应不大于 $10M\Omega$。

（6）实现电气连接后的电气间隙和爬电距离应符合相应的国家标准（如 GB/T

14048.1—2012《低压开关设备和控制设备　第 1 部分：总则》）和产品标准。

（7）整齐美观。

（8）400V 及以下的二次回路的等电体之间或带电体与接地之间，其电气间隙不应小于 4mm，漏电距离不应小于 6mm。铜鼻子型号及含义，比如 OT10－8，O 是代表型号；T 是代表材质；10 代表接线线径（用于接 8～10mm² 的线缆）；－8 代表螺钉孔径。

铜鼻子规格：0.5～8mm² 一般常用型号是 OT、UT、RV、RNB、SNB、C45、SC 等；10m² 以上的铜鼻子常用型号是：DT、DTG、DL、DTL、SC、JM、JG、GT、GL 等。

单元三　二次回路装配工作步骤与方法

一、二次线装配工作步骤

（1）熟悉图纸，核对元件，了解设备结构情况等。

（2）根据屏面布置图安装电气元件。

（3）根据安装图设想走线路径，并画出布线图。

（4）根据元件尺寸量取导线（注意留 100～150mm 裕度）及裁线，两端挂标号牌。

（5）整线、排线、打束、固定线束、分列（单层、多层、扇形）。

（6）核对标号、卡线、挂标号牌，接线。

（7）校线，即检查接线的正确性，可使用电池灯、万用表、绝缘电阻表等。

1）外观检查。检查每个接线端子的导线根数是否正确；检查每个接线端子的编号是否正确；检查接线的位置是否正确（比如是否将应该接到动合接点的导线接到了动断接点等）；检查接线的牢固性，检查时应将所有有接线的端子都重新紧固一遍，以免有接触不良的现象。

2）使用仪表检查。一般使用万用表欧姆挡检查，按照展开图检查元件的线圈、触点或回路的通断（注意：实习中保护屏如果采用静态继电器，检查时电压线圈和电流线圈应该通，可以用万用表直接测量，但是静态继电器的动合、动断触点只有在施加直流工作电源后才能正确测量）。

（8）整理现场。

（9）试验。测量绝缘电阻，用 1000V 绝缘电阻表，应不小于 1MΩ；交流耐压试验为工频 2000V 1min，或用 2500V 绝缘电阻表代替。

二、二次线配线方法

二次回路配线一般在屏上的仪表、继电器和其他电器全部装好后进行。常采用的方法有以下几种。

（一）单线配线法

此种方法的特点是简单易学，适合于初学者。接线正确率高，节省材料，但施工进度较慢。其大致步骤为：

配线前，首先应根据安装接线图确定导线的敷设位置和布线路径，并做好标志。按照由上向下，由左向右，先接长线再接短线的原则，在安装接线图上找到应连接的两个端子，根据布线路径量取导线的长度（留有裕度），裁线，捋直，在导线的一端做缓冲弯，去绝缘层，套标号牌，弯羊眼圈，再根据布线路径整理导线接向另一端，另一端做同样的处理，当整根导线沿布线路径做完形状后，方可两端一起接入。其他依次类推。

（二）成束配线法

此种方法应用较广泛，其特点是操作者应有一定的接线基础，接线出错率高，改错不方便，浪费材料，但施工进度较快。其大致步骤为：

1. 导线的敷设

敷线前，首先应根据安装接线图确定导线的敷设位置，用直尺和线锤划好线，并划好线夹固定螺丝的埋设位置（若采用带扣的抱箍绑扎时，则不埋螺钉）。然后打眼或埋螺钉。线夹之间的距离通常为垂直敷设时为 200mm，水平敷设时为 150mm。

螺钉埋好后，将线夹用一个螺钉挂上，然后开始敷线。为了使接线不混乱，避免导线在接线时交叉，敷线前，应根据安装接线图上编号和端子的排列顺序，合理地安排导线的排列顺序。然后按照安装接线图所要求的长度切割导线，并将导线拉直。敷线时先将端部用一个线夹或抱箍把导线夹住，使其成束（单层或多层）。然后向上（垂直敷设时）或向另一端（水平敷设时），逐步将导线用线夹夹好。线夹下面应垫好绝缘层。线夹夹好后应将线束修整，最好用小木锤将线束轻轻敲平，使其整齐美观。

导线分支必须由线束引出，并依次的弯曲导线，使其转向需要的方向。弯曲导线时，应用手将导线弯成慢弯。导线的弯曲半径，一般为导线直径的 3 倍，当导线穿过金属板时应套绝缘衬管加以保护。

2. 导线的分列

导线的分列是指将导线由线束引出有次序地接向端子。为了使导线分列的正确，在分列前应根据安装接线图校线，并将校好的导线挂上临时标号，便于以后接线。分列的形式有以下几种：

（1）单层导线的分列。当接线端子数量不多，而且位置比较宽，可采用单层分列。为了使导线分列的整齐美观，分列时一般从端侧的端子开始，先将线束外侧的导线接至最近的端子上，然后将导线束的导线由外而内依次接于由近而远的端子上。

（2）多层导线的分列。在地方狭窄的条件下，大量的导线需要接向端子，而又不能很好的布置成束时，常采用多层分列。

（3）导线的扇形分列。在不复杂的单层或双层配线时，常采用扇形分列法。此法与其他分列法的区别是接线简单和外观整齐。在要求配线连接有很好的外形和安装迅速的情况下，可采用此法。扇形分列法分为单层导线的扇形分列、多层导线的扇形分列。按照这种方法分列时，应将导线校直。连接导线时首先将最外侧的两导线固定好，然后逐渐转移到中间。所有导线的弯曲应一致，使其整齐美观。

上述各种分列法的导线，一般不交叉，如遇特殊情况也可以交叉，但应将其作成使前面部分看不到交叉的导线。

线束接到端子板或屏上的仪表、器具的导线，如果长度超过 200mm 时，应用铝片卡、线绳或扎带将其绑扎成束，铝片卡或扎带下应垫绝缘层（如黄蜡纸、塑料带等）。

3. 导线与设备的连接

导线的连接就是从线束引出的导线经分列后将其接到端子上。接线时应根据线束到端子的距离包括弯曲部分量好尺寸，将多余的导线剪掉，然后用剥线钳去掉绝缘层。线芯上的氧化物和橡皮屑应用小刀刮掉，保证接触良好，线芯处理好后将导线挂上标号牌，将导线接到端子上。

如果导线接入的端子是接触螺钉，应根据螺钉的直径将导线的末端弯成 1 个环，其弯曲方向与螺钉旋入方向一致。如果用螺帽固定时，要用 2 片垫圈。当固定在螺钉头下时，则用 1 片垫圈。

（三）行线槽配线法

行线槽配线比较简单，接线方法与其他方法相同，不同的是将导线布置在线槽内，不存在线束的外观问题，但在屏上要安装线槽。

三、二次回路配线屏的检查

安装完毕的二次回路配线屏，必须经过认真检查以后，才允许通电试验，以防止错接线、漏接线造成的不正常运行或短路事故。

（一）检查的项目及要求

1. 外观检查

设备应清洁完整，没有遗漏工具、材料在设备上，标号齐全、清楚，试验端子、连接片接触良好并且拧紧（必要时用万用表的电阻挡测量），导线不压皮，不露过长，FU（RD）安装良好，端子排安装牢固，没有松动现象，接地良好。

2. 核对线号

根据安装接线图纸，按照从上向下，从左向右的顺序，一人读图，一人看实际接线，核对线号。

3. 接点检查

按照从上向下，从左向右的顺序将屏内所有的接线用相应的工具进行紧固，使之牢固，以免有接触不良的现象。

4. 通断检查

用万用表检查线路的通断情况。检查时应选用倍率适当的电阻挡，并进行校零，以防短路故障发生。按照二次回路展开原理图，先交流电流回路，再交流电压回路、直流回路等的顺序，依次检查各支路的导通情况，遇有断开器件可用导线短接，直至导通即有一定的阻值。所有测量应在端子排上进行。

（二）试验的项目与标准

1. 测量绝缘电阻

可用 1000V 绝缘电阻表测量，二次回路的每一支路和断路器、隔离开关的操作机构的电源回路等，其绝缘电阻均应不小于 $1M\Omega$。在比较潮湿的地方其绝缘电阻可不小于 $0.5M\Omega$。

2. 交流耐压试验

试验电压为 1000V。当回路电阻值在 $10M\Omega$ 以上时，可采用 2500V 绝缘电阻表代替，测试持续时间为 1min。48V 及以下回路可不做交流耐压试验。当回路中有电子元件设备时，试验时应将插件拔出或将其两端短接。值得注意的是本方法与标准适合电气设备的操作、保护、测量、信号、控制等回路及其回路中的操动机构线圈、接触器、继电器、仪表、互感器二次绕组等。

单元四　线路的相间短路保护及一次自动重合闸装置

一、继电保护概述

（一）继电保护的作用及任务

继电保护装置是电力系统安全、稳定运行的可靠保证。

　　电力系统在运行时，由于受自然或人为的原因，如绝缘老化、外力破坏、雷击、设备制造上的缺陷及工作人员误操作等因素的影响，不可避免地会发生各种形式的故障或不正常工作状态。最常见的故障是各种形式的短路，短路会产生比额定电流大几倍甚至几十倍的短路电流，使电气设备承受很大的短路电流产生的电动力及热效应而损坏，同时使电力系统供电电压下降，严重时会破坏系统的稳定性，造成大面积停电。最常见的不正常工作状态（是指运行参数偏离了允许值），如过负荷、变压器油温过高等，这些不正常工作状态如不及时发现和正确处理，便会发展成为故障。所以，系统一旦发生故障或不正常工作状态时，应及时发现并处理，迅速切除故障部分，以保证非故障部分的正常运行，并发出信号，提醒运行人员注意采取必要的措施。显然，只有借助专门的反事故自动装置，才能完成这个任务。

　　所谓继电保护装置是指能反映系统中电气设备的故障及不正常工作状态，并能作用于断路器跳闸或发信号的一种自动装置。其基本任务是：

　　（1）系统发生故障时，能快速、自动、有选择性地将故障部分切除，保证非故障部分的正常运行，减小停电范围。

　　（2）系统发生不正常工作状态时，往往动作于发信号，提醒运行人员注意，以便采取措施。

　　（二）继电保护装置的组成及基本工作原理

　　继电保护装置的基本组成如图 3-1 所示。

图 3-1　继电保护装置基本组成方框图

　　测量部分为测量被保护设备的某些运行参数，与整定值进行比较，以判断被保护设备是否发生故障，保护装置是否应该启动。

　　逻辑部分为逻辑部分接受测量部分发来的信号后，按照预定的逻辑程序工作，进行判断，并将判断的结果传给执行部分。

　　执行部分为执行部分根据逻辑部分结果，动作于跳闸或发信号。

　　系统发生故障时，一些参数与正常值相比较会发生变化。正是利用这些变化，构成不同原理的继电保护。例如反映电流变大而动作的过电流保护、反映电压降低而动作的低电压保护、反映电流与电压之间的相位角变化的方向保护等。

　　下面以线路的过电流保护为例，来进一步说明继电保护的组成及基本工作原理，如图 3-2 所示。

　　TA、KA 为构成保护的测量部分，测量线路中的电流、反映线路的运行状态。正常运行时，线路流过正常的负荷电流，KA 不动作；当被保护线路发生短路（如 k 点短路）时，线路的电流 I_1 突然增大，随之 TA 二次侧的也随之增大，当 I_2 大于 KA 整定值时，电流继电器 KA 动作，其动合触点闭合，启动 KT。

　　KT 为构成保护的逻辑部分，时间继电器 KT 启动后，经预先设定的延时时间做出保护动作的逻辑判断，其延时闭合的动合触点闭合，接通 KS 及 YR 的启动回路。

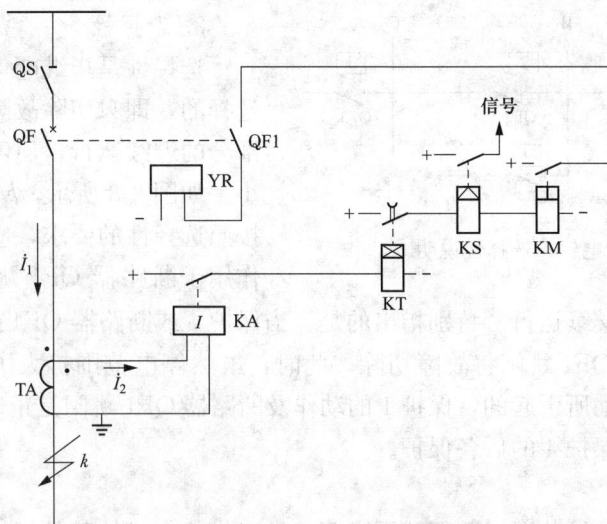

图 3-2　线路过电流保护基本原理接线

TA—电流互感器；KA—电流继电器；KT—时间继电器；KS—信号继电器；YR—断路器的跳闸线圈

KS、YR 为构成保护的执行部分，信号继电器 KS 启动后发出信号，同时断路器的跳闸线圈 YR 启动使断路器 QF 跳闸，将故障线路切除。

（三）继电保护装置的分类

继电保护装置种类很多，按不同的形式分有不同的类型。

（1）按所反映的物理量分，有电流保护、电压保护、差动保护、瓦斯保护、距离保护等。

（2）按所反映的故障类型分，一般有相间短路保护和接地保护等。

（3）按所保护的对象分，有输电线路保护、发电机保护、变压器保护、电动机保护等。

（4）按结构形式及组成元件分，分为机电型、晶体管型、集成电路型及微机型四大类。

（5）按操作电源的性质分，又可分为直流操作和交流操作两种。

（四）对继电保护的基本要求

对继电保护的基本要求，归纳起来主要有 4 个方面，即通常所说的"四性"——可靠性、快速性、选择性及灵敏性。

1. 可靠性

可靠性是指继电保护装置的动作要可靠，包含两方面的含义：即当被保护设备发生故障或不正常工作状态时，保护装置应可靠地动作，不应拒动；当被保护设备正常运行时，保护装置应可靠地不动作，不应误动。否则，该动作时拒动，保护装置如同虚设；不该动作时误动，保护装置本身非但起不到保护作用，反而成为事故的根源。

继电保护装置的可靠性与保护装置的接线方式、组成元件的质量性能、安装工艺、运行维护管理、配置及整定等因素有关。

2. 快速性

快速性是指继电保护装置的动作速度要快，即当系统发生故障时，为减小短路电流对电气设备的损害程度，及提高系统运行的稳定性，以尽可能短的时间将故障部分切除。

提高保护的快速性会使保护接线复杂，并且投资大，应通过经济技术比较后合理确定。

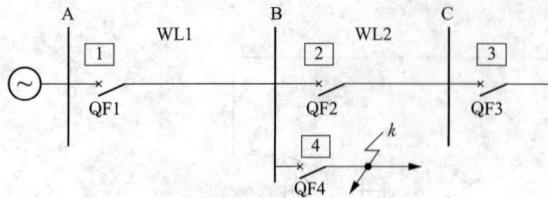

图 3-3　继电保护选择性说明

3. 选择性

选择性是指继电保护装置的动作是有选择的，即只切除故障部分，保证非故障部分的继续运行，使停电范围尽可能地减小。如图 3-3 所示，k 点发生短路故障时，按照选择性的要求，应由保护 4 动作，并作用于断路器 QF4 跳闸将故障切除，保证其他无故障部分的继续运行。特别指出的是，当保护 4 或断路器 QF4 拒动时，应由保护 1 动作，作用于断路器 QF1 跳闸将故障切除。此时，虽然停电范围扩大了，但这是由故障线路的保护或断路器拒动所引起的，保护 1 的动作及断路器 QF1 跳闸是正确的，也是有选择性的动作。称保护 1 是保护 4 的后备保护。

4. 灵敏性

灵敏性是指继电保护装置对其保范围内不正常工作状态或故障的反应能力。灵敏性一般由灵敏系数 K_{sen} 来衡量，不同的继电保护对灵敏系数的要求不同，校验的方法也不同。例如对于过电流保护

$$K_{sen} = \frac{I_{k.\min}}{I_{op.p}}$$

式中　$I_{k.\min}$——保护区末端发生金属性短路时的最小短路电流（A）；

　　　$I_{op.p}$——保护装置的一次侧动作电流值（A）。

对于过电压保护

$$K_{sen} = \frac{U_{k.\max}}{U_{op.p}}$$

式中　$U_{k.\max}$——保护区末端发生金属性短路时的最大电压值（V）；

　　　$U_{op.p}$——保护装置的一次侧动作电压值（V）。

以上对这 4 个基本要求，是相互关联，对立统一的。例如强调继电保护的快速性，可能会影响保护的可靠性及选择性；如果强调保护的选择性，对于线路末端的保护，会使保护动作时限延长，影响继电保护的快速性；如果四项基本要求均满足的话，其造价一定昂贵。所以在具体实施时，要相辅相成，全面考虑。

二、线路相间短路保护

输电线路正常运行时，线路上流过的是正常的负荷电流。当线路发生短路时，线路中的电流会突然增大，电压会突然降低。利用电流突然增大这一特征，并当流过被保护元件中的电流超过预先整定值时，就使断路器跳闸或发出报警信号，来构成线路的电流保护。母线电压低于某一预先整定值时，低电压继电器动作，则构成线路的电压保护。

（一）无时限电流速断保护

无时限电流速断保护又称为瞬时电流速断保护，无时限电流速断保护就是一种瞬时动作的过电流保护，其动作时限为继电器本身的固有动作时间。

1. 动作值的整定

在被保护线路上发生短路时，流过保护安装处的短路电流值与短路点的位置有关，越靠近电源，短路电流越大，反之，越小；另外，短路电流还与系统的运行方式及故障类型有

关，如图 3-4 中的曲线 1 及曲线 2 所示。由于线路 WL1 末端 k_1 点的短路电流实际上与下一线路首端 k_2 点的短路电流几乎相等（因 k_1 与 k_2 很近），如果要求在被保护线路末端 k_1 点短路时，保护能够动作，则在下一线路首端 k_2 点短路时，保护装置也将不可避免地动作，这样就不能保证动作的选择性。为了严格地将保护范围限制在本线路以内，防止在相邻的下一线路首端发生短路时保护的误动作，其动作电流应按躲过它所保护线路的末端的最大短路电流（通常是最大运行方式下的三相短路）$I_{k. B. max}$ 来整定，即

$$I_{op. p} = K_{rel} I_{k. B. max}$$

式中　K_{rel}——可靠系数，一般取 1.2～1.3。

由此可见，瞬时电流速断保护动作的选择性，是靠动作电流的整定来实现的。

2. 灵敏度校验

瞬时电流速断保护的灵敏度，可用其保护范围占线路全长的百分数来表示。通常在最大运行方式下，保护范围达线路全长的 50%，在最小运行方式下，保护范围达线路全长的 15%～20%，即可装设。

虽然瞬时电流速断保护简单可靠、动作迅速，但不能保护线路的全长，以至在线路末端会出现一段不能保护的区域"死区"，而且在不同的运行方式下发生故障时，保护范围要随着变化。在最大运行方式下三相短路时，保护范围为 L_{max}。而在最小运行方式下两相短路时，保护范围缩小为 L_{min}，如图 3-4 所示。为了弥补死区得不到保护的缺陷，因此，必须装设第二套保护，要求既能保护线路的全长，又能以尽可能短的时限切除故障，这种保护就是限时电流速断保护。

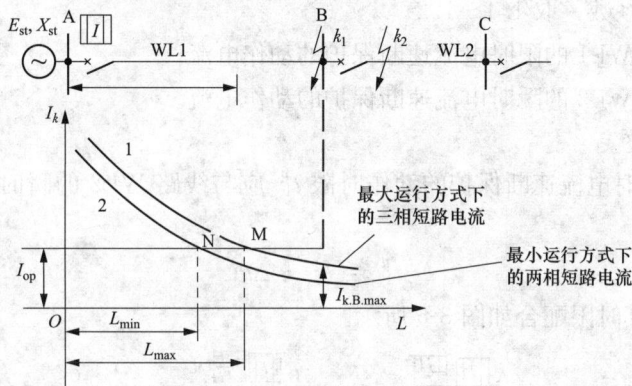

图 3-4　短路电流曲线及瞬时电流速断的保护范围

3. 原理接线

瞬时电流速断保护原理接线如图 3-5 所示。

4. 评价

接线简单，动作快，不能保护本线路的全长。

（二）限时电流速断保护

1. 动作值的整定

既然要求时限电流速断保护能保护线路的全长，那么其保护范围必然要延伸到下一线路的一部分，这样当下一线路首端发生短路时，它就要启动，在这种情况下，为保证动作的选

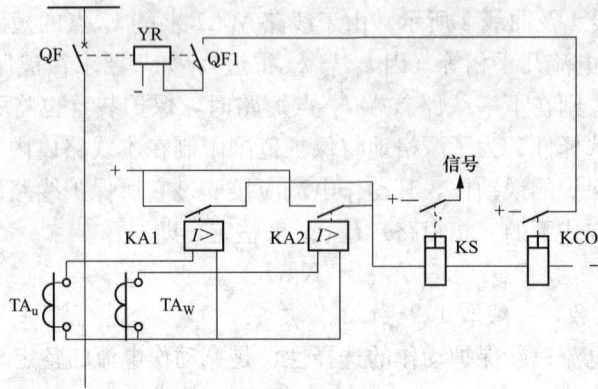

图 3-5　瞬时电流速断保护原理接线

择性，通常要求使它的保护范围不超出下一线路瞬时电流速断的保护范围，它的动作时限则比下一条线路的瞬时电流速断要长，通常大一个时限级差 Δt 就可以了。

现以图 3-4 为例，来说明限时电流速断保护的整定方法。既然要求线路 WL1 时限电流速断的保护范围，不超出线路 WL2 瞬时电流速断的保护范围，则前者的动作电流显然应比后者大，即

$$I_{\text{op.p.}1}^{\text{II}} > I_{\text{op.p.}2}^{\text{I}}$$

或

$$I_{\text{op.p.}1}^{\text{II}} = K_{\text{rel}} I_{\text{op.p.}2}^{\text{I}}$$

式中　K_{rel}——可靠系数，取 1.1~1.2；

$I_{\text{op.p.}1}^{\text{II}}$——线路 WL1 的限时电流速断保护的动作电流；

$I_{\text{op.p.}2}^{\text{I}}$——线路 WL2 的瞬时电流速断保护的动作电流。

2. 动作时限的整定

线路 WL1 的限时电流速断保护的动作时限 t_1^{II} 应与线路 WL2 的瞬时电流速断保护的动作 t_2^{I} 相配合，即

$$t_1^{\text{II}} = t_2^{\text{I}} + \Delta t$$

通常取 $t_1^{\text{II}} = 0.5\text{s}$，其时限配合如图 3-6 所示。

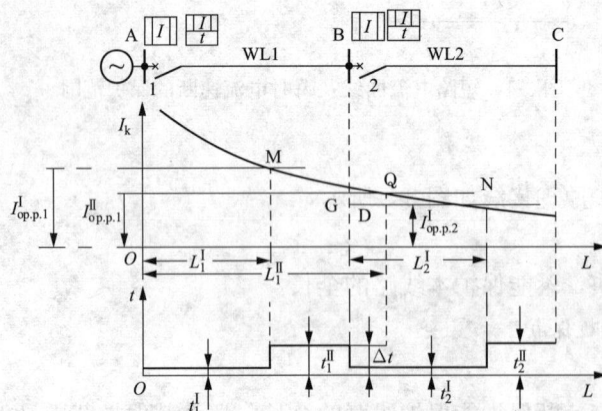

图 3-6　时限电流速断与瞬时电流速断的配合

3. 灵敏度校验

为了保护线路的全长，限时电流速断保护的灵敏度应按最小运行方式下，线路末端发生两相短路时来校验，则该保护的灵敏度必须满足的条件为

$$K_{sen} = \frac{I_{k.\,min}}{I_{op.\,p}^{II}} \geqslant 1.3$$

式中　$I_{k.\,min}$——被保护线路末端短路时的最小短路电流；

　　　$I_{op.\,p}^{II}$——被保护线路限时电流速断保护的动作电流。

其原理接线图与过电流保护的原理接线图相同，只是其动作电流值和时限的整定不同而已。由于无时限电流速断保护和带时限电流速断保护的配合，可使全线线路范围内的短路故障都能在 0.5s 的时限内切除，故这两种保护可配合构成输电线路的主保护。

（三）定时限过电流保护

定时限过电流保护，其保护装置的动作时限由时间继电器的整定时限决定，是固定不变的，与通过它的短路电流大小无关，故称为定时限过电流保护。其原理接线如图 3-7 所示。它由电流继电器 KA1、KA2、时间继电器 KT、中间继电器 KM 和信号继电器 KS 组成。其工作原理如下。

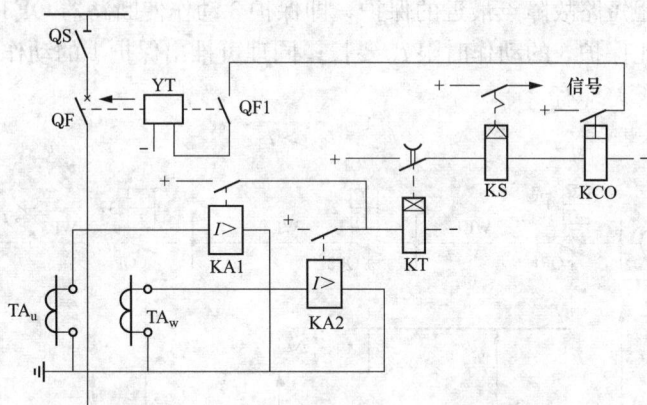

图 3-7　定时限过电流保护的原理接线

当被保护的线路上发生短路时，电流增大→电流继电器 KA1 或 KA2 动作，其动合触点闭合→启动时间继电器 KT，经过预先整定的时限后，其延时动合触点闭合→启动信号继电器 KS 发出信号，提醒运行人员注意；同时还启动中间继电器 KM，其触点闭合→将断路器 QF 的跳闸线圈 YT 接通→使 QF 跳闸，将故障线路切除。故障切除后，除 KS 必须手动或电动复归外，其他所有继电器均可自动返回到起始状态。

1. 动作电流的整定

定时限过电流保护装置的动作电流按躲过线路的最大负荷电流 $I_{L.\,max}$ 来整定，用公式表示为

$$I_{op.\,p} = \frac{I_{re.\,p}}{K_{re.\,p}} = \frac{K_{rel}}{K_{re}}I_{L\cdot max}$$

式中　K_{re}——返回系数，取 0.85；

　　　K_{rel}——可靠系数，过电流保护通常取 1.15～1.25；

$I_{op.p}$——保护装置动作时所对应的电流互感器一次侧的电流值；

$I_{re.p}$——保护装置返回时所对应的电流互感器一次侧的电流值。

考虑电流互感器的变比 K_i 和接线系数 K_{con}，得出电流继电器的动作电流为

$$I_{op} = \frac{I_{op}}{K_i} K_{con} = \frac{K_{rel} K_{con}}{K_{re} K_i} I_{L\cdot max}$$

式中 K_{con}——保护接线系数；

K_i——电流互感器变比；

I_{op}——电流继电器的动作电流。

2. 动作时限的整定

装于单端电源供电线路的定时限过电流保护装置，其动作时限必须按选择性的要求加以确定，即离电源较近的上一级保护的动作时限，比相邻的离电源较远的下一级保护的动作时限要长（一般长一个时限级差 Δt），将各级保护的整定时限特性画于图中，好似一个阶梯，这就是通常所说的阶梯时限特性。例如，图 3-8 所示为一单端电源供电线路，各线路 WL1、WL2、WL3 分别装设有过电流保护 1、2 和 3。当 k 点发生短路故障时，短路电流将从电源经线路 WL1、WL2 和线路 WL3 流向短路点，则过电流保护 1、2 和 3 均启动。但按照选择性的要求，应该由距短路故障点最近的保护，即保护 3 动作使断路器 QF3 跳闸。故应使保护 2 的动作时限 t_2 应比保护 3 的动作时限 t_3 要长；同理可推出保护 1 的动作时限 t_1 也应比保护 2 的动作时限 t_2 要长。即有

$$t_1 > t_2 > t_3$$

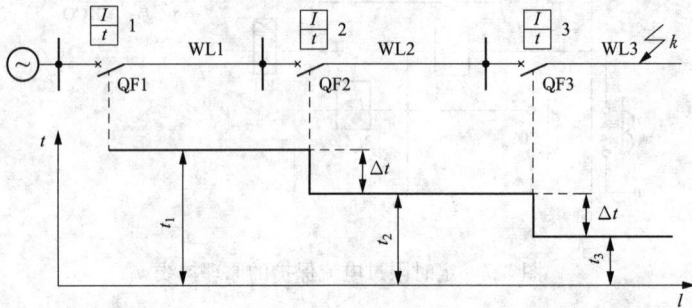

图 3-8   定时限过电流保护装置的时限配置

按照阶梯时限特性，则有

$$t_2 = t_1 + \Delta t$$
$$t_1 = t_2 + \Delta t = t_3 + 2\Delta t$$

一般 Δt 在 $0.3 \sim 0.7s$，通常取 $0.5s$。

3. 过电流保护的灵敏度

过电流保护在整定时，要求在线路出现最大负荷电流时，保护不应误动；当线路流过最小短路电流时，保护不应拒动。所以必须对保护装置进行灵敏度的校验，过电流保护的灵敏度必须满足的条件为

$$K_{sen} = \frac{I_{k.min}}{I_{op.p}} \geqslant 1.5$$

式中 $I_{k.min}$——保护区末端短路时，流入保护装置的最小短路电流。

一般取最小运行方式下本线路末端两相短路时的短路电流 $I_{K.min}^2$；如果过电流保护是作为相邻线路的后备保护时，其校验点设在相邻线路的末端，其保护灵敏度 $k_{sen} \geqslant 1.2$ 即可。

（四）阶段式电流保护

1. 构成

为了对线路进行可靠而有效的保护，通常将瞬时电流速断保护（称为Ⅰ段）、限时电流速断保护（称为Ⅱ段）及定时限过电流保护（称为Ⅲ段）组合在一起，构成阶段式电流保护，又称为三段式电流保护。瞬时电流速断保护、限时电流速断保护构成线路的主保护，定时限过电流保护作为本线路的近后备，相邻线路的远后备。在具体应用时，如果线路较短，可以采用瞬时电流速断加过电流保护，或限时电流速断加定时限过电流保护，称为两段式电流保护。

2. 各段保护时限配合

如图 3-9 所示，为三段式电流保护动作时限配合关系。

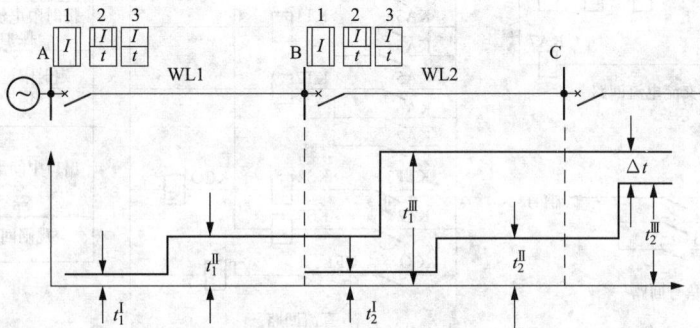

图 3-9　三段式电流保护动作时限配合关系

第一段为瞬时电流速断保护装置，它的保护范围为线路的首端，动作时限为 t_1^I，它由保护固有动作时间决定；

第二段为带时限电流速断保护装置，它的保护范围为线路 WL1 的全长并延伸到相邻线路 WL2 的首端部分，其动作时限为 $t_1^{II} = t_2^I + \Delta t$；

第三段保护为定时限过流保护装置，保护范围包括 WL1 及 WL2 全部甚至更长，动作时限为 t_1^{III}，$t_1^{III} = t_2^{III} + \Delta t$。

3. 原理接线

如图 3-10 所示为三段式保护原理接线。

KA1、KA2、KS1 构成第一段保护，即电流速断保护；KA3、KA4、KT1、KS2 构成第二段保护，即限时电流速断保护；KA5、KA6、KA7、KT2、KS3 构成第三段保护，即定时限过流保护。KCO 为出口中间继电器。任何一段保护动作时，均有相应的信号继电器掉牌，从掉牌指示可知道哪段保护动作，从而分析故障范围。

（五）电流电压联锁速断保护

从前面的分析可知，当系统运行方式变化很大时，无时限电流速断保护可能没有保护区，带时限电流速断保护和过电流保护的灵敏系数可能不满足要求。在不增加保护动作时限的前提下，可采取降低保护装置的动作电流来提高保护的灵敏系数。但是这样做会导致保护范围外部短路时保护误动作，这时可增加一个电压测量元件来保证选择性，构成电流电压联

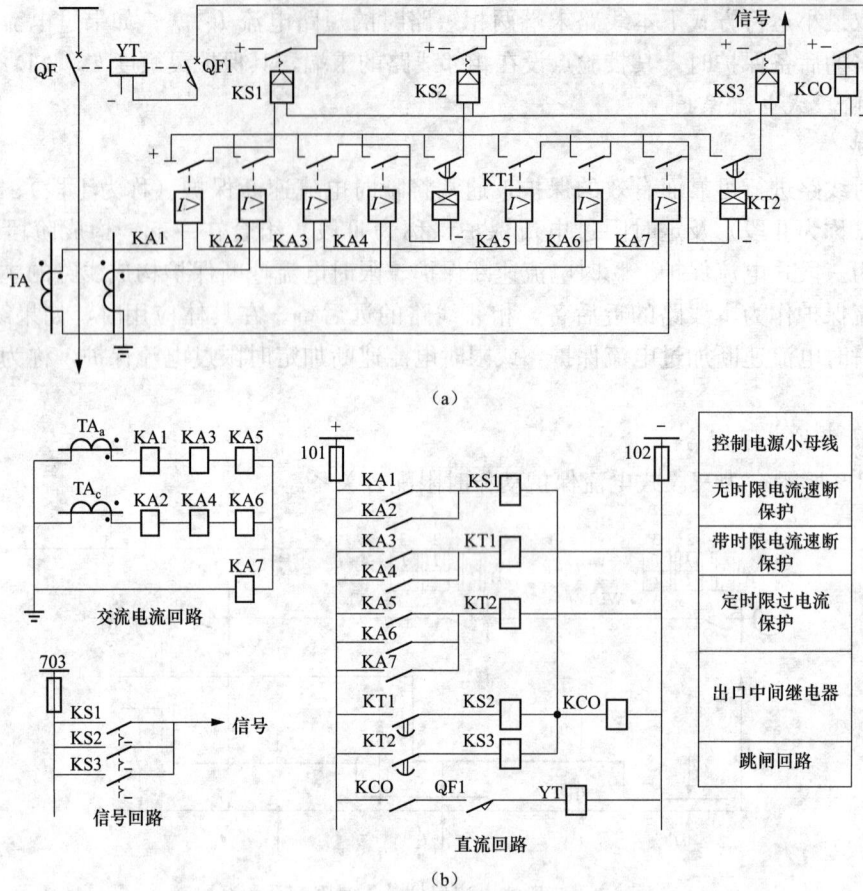

图 3-10　三段式电流保护接线
(a) 原理图；(b) 展开图

锁速断保护。

1. 工作原理

电流电压联锁速断保护，就是瞬时电流速断保护和电压速断保护相互闭锁的一种保护装置。电流电压联锁速断保护的原理框图如图 3-11 所示，图 3-11 所示中 1 表示低电压测量元件，

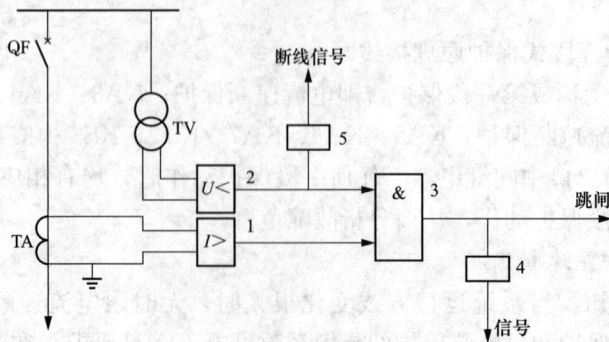

图 3-11　电流电压联锁速断保护原理框图
1—低压测量元件；2—电流测量元件；3—与门；4、5—信号元件

2 表示电流测量元件，3 表示与门电路，4 表示信号元件。故障时，只有当短路电流大于保护的动作电流 I_{op}^1 时电流测量元件 1 有输出，同时保护安装处母线上的残余电压又低于保护的动作电压整定值 U_{op}^1 时低电压测量元件 2 有输出，经与门电路 3 保护才动作于跳闸。

2. 整定计算

如图 3-9 所示，在线路 WL1 上装设有电流电压联锁速断保护，该保护的整定原则是在经常出现的运行方式下，使电流元件和电压元件有相同的保护范围。

设被保护线路的长度为 l_{AB}，正常运行方式下的保护范围为 l_1，为了保证选择性，要求 $l_1 < l_{AB}$，写成等式

$$l_1 = \frac{1}{K_{rel}} \approx 0.8 l_{AB}$$

式中　K_{rel}——可靠系数，取 1.2～1.3。

对应于保护范围 l_1，保护装置的动作电流为

$$I_{OP.1}^1 = \frac{E_S}{X_S + X_1 l_1}$$

式中　E_S——系统的等值计算相电势；

　　　X_S——正常运行式下，系统等值电抗；

　　　X_1——线路单位公里长度的正序电抗。

对应于保护范围 l_1，保护装置的动作电压（通常考虑线电压）为

$$U_{OP.1}^1 = \sqrt{3} I_{OP.1}^1 X_1 l_1$$

从式可看出 $U_{OP.1}^1$ 就是在正常运行方式下，保护范围 l_1 末端三相短路时，保护安装处母线 A 上的残余电压。因此，在正常运行方式下，电流元件、电压元件的保护范围是相等的，其保护范围约为被保护线路全长的 80%。

（六）低电压闭锁的过电流保护

低电压闭锁的过电流保护装置的动作电流，不必按躲过线路的最大负荷电流 $I_{L.max}$ 来整定，而只需按躲过线路的计算电流 I_{30} 来整定，则相应的电流继电器的动作电流为

$$I_{OP} = \frac{K_{rel} K_{con}}{K_{re} K_i} I_{30}$$

显然动作电流减小了，所以能有效地提高保护的灵敏度。其接线如图 3-12 所示，在回路

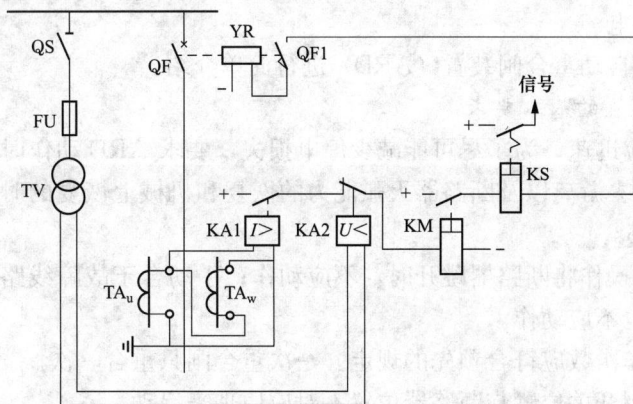

图 3-12　低电压闭锁的过电流保护原理接线

中将电流继电器 KA 的动合触点与低电压继电器 KV 的动断触点相串联。在线路正常运行时，低电压继电器 KV 的动断触点是断开的，这时即使由于线路过负荷而使电流继电器 KA 的动合触点闭合，也不致造成断路器 QF 误跳闸，只有当线路发生故障时，KA 及 KV 触点均闭合，才启动断路器 QF 去跳闸。

上述低电压继电器的动作电压按照正常时的最低工作电压 U_{min} 来整定，即

$$U_{OP} = \frac{U_{min}}{K_{rel}k_{re}k_u} \approx (0.6 - 0.7)\frac{U_N}{K_u}$$

式中　U_{min}——母线最低工作电压，取（$0.85\sim0.95$）U_N；

K_{rel}——低电压保护装置的可靠系数，可取 1.2；

K_{re}——低电压继电器的返回系数，可取 1.15；

K_u——电压互感器的变比。

上述带时限的过电流保护，有一个明显的缺点，就是越靠近电源的线路过电流保护，其动作时间越长，而短路电流则是越靠近电源越大，其危害也更加严重。因此规定，在过电流保护动作时间超过 $0.5\sim0.7$s 时，应装设电流速断保护。

三、三相一次重合闸装置

在供电系统中，输电线路（特别是架空线）是发生故障几率最多的元件，而架空线路上的故障大多属于暂时性故障，约占故障总数的 $80\%\sim90\%$，例如雷电引起绝缘子表面闪络，大风引起的碰线，线路对树枝放电以及鸟害等。这些故障被继电保护动作使断路器断开之后，电弧熄灭，绝缘强度恢复，故障自行消除。此时，若把输电线路的断路器合上，就能恢复供电，从而减少停电时间，提高供电可靠性。为了迅速将线路重新合上，可在线路上装设自动重合闸装置（简称 APR），这种装置能够使断路器由于继电保护动作或其他原因跳闸后，自动重新重合。如果故障是暂时性的，则重合闸能成功；如果故障是永久性的，则再由继电保护再次将断路器跳开，重合不成功。运行资料表明，自动重合装置在架空线上的动作成功率在 $60\%\sim90\%$ 之间。可见，APR 装置是提高架空线路供电可靠性的有力工具。自动重合闸的种类繁多，在企业供电系统中，一般采用三相一次自动重合闸装置。

另外，在工业企业供电系统中，对于具有重要负荷的变电所或用电设备，为提高供电的可靠性，一般采用两路或多路进线，在变电所中装设备用电源自动投入装置（简称 AAT），当工作电源或备用设备无论什么原因断开时，AAT 便启动，自动地将备用电源或备用设备投入，使用户不致停电。

在这里我们只对自动重合闸装置（ARD）进行简单介绍。

（一）对 ARD 装置的基本要求

（1）ARD 动作应迅速。为了尽可能减少停电损失，要求 ARD 动作时间越短越好，但同时也要满足短路点的去游离以及断路器灭弧能力的恢复和机械上恢复的时间，故一般重合闸动作时间为 $0.5\sim1.5$s。

（2）手动或遥控操作将断路器跳开时，不应动作；手动合于故障线路，继电保护动作将断路器跳开，ARD 也不应动作。

（3）ARD 的动作次数应符合预先的规定。一次重合闸只重合一次。

（4）ARD 按控制开关位置与断路器位置不对应原理来启动。

（5）自动重合闸动作后，应能自动复归，准备好再次动作。有值班人员的 10kV 以下线

路也可采用手动复归。

（二）三相一次自动重合闸装置

1. 接线

图 3-13 所示为三相一次自动重合闸装置原理接线。重合闸继电器是构成 ARD 的主要元件，图 3-13 中虚线框为重合闸继电器内部接线。它是由时间继电器 KT（包括附加电阻 R5）、带有电流自保持线圈的中间继电器 KM、电容 C、充电电阻 R4、放电电阻 R6 及信号灯 HL 和电阻 R17 组成。

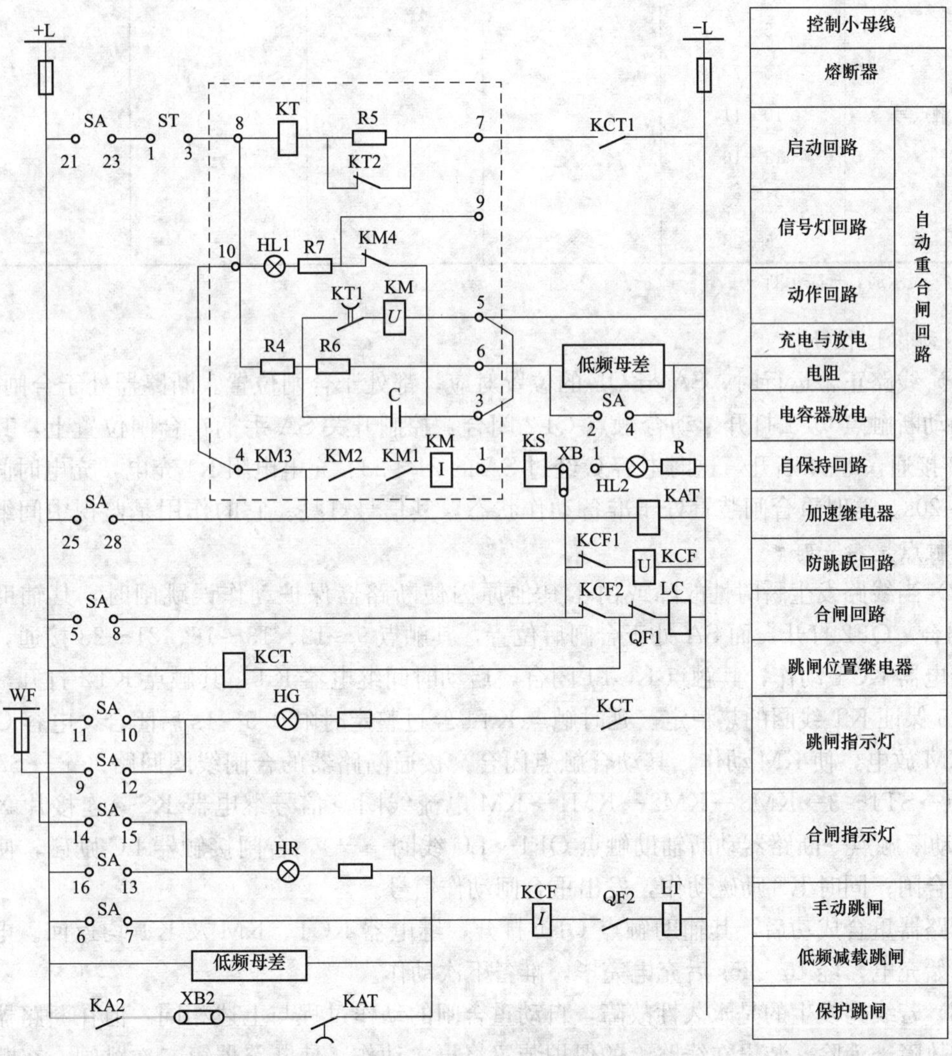

图 3-13 三相一次自动重合闸装置展开接线

KRC—重合闸继电器；

KCT—断路器跳闸位置继电器；

LC—合闸接触器；

KCF—防跳继电器；

KAT—后加速保护动作的中间继电器；

KS—表示重合闸动作的信号继电器；

ST—投入和退出重合闸装置；

SA—手动操作的控制开关。

SA 控制开关触点通、断情况见表 3-4。

表 3-4   **SA 控制开关触点通、断情况**

操作状态		手动合闸	合闸后	手动跳闸	跳闸后
SA 触点号	2—4	—	—	—	×
	5—8	×	—	—	—
	6—7	—	—	×	—
	10—11	—	—	×	—
	13—16	×	—	—	—
	21—23	×	×	—	—
	25—28	×	—	—	—

注 ×表示通，—表示断。

2. 动作过程分析

（1）线路正常运行时，SA 与 QF 的位置对应，都处于合闸位置。断路器处于合闸状态，其辅助动断触点 QF1 打开，动合触点 QF2 闭合，控制开关 SA 手柄在合闸位置上，其触点 21～23 接通，2～4 断开，这时电容 C 经过 SA 的 21～23、充电电阻 R4 充电，充电时间大约为 15～20s。这时重合闸装置处于准备动作状态，其信号灯亮。它的作用是监视中间继电器 KM 的触点是否完好。

（2）当线路发生瞬时性故障或由于其他原因使断路器保护动作误跳闸时，其辅助触点 QF1 闭合，QF2 打开，而 SA 处于合闸后位置，其触点 9～12、13～16、21～23 接通，跳闸位置继电器 KCT 动作，其触点 KCT1 闭合，启动时间继电器 KT，其触点 KT2 打开，串进电阻 R5 保证 KT 线圈的热稳定。延时触点 KT1 经过整定时限 0.5～1s 后闭合，电容 C 对继电器 KM 放电，使 KM 动作，其动合触点闭合，接通断路器的合闸线圈回路（＋→SA21～23 触点→ST1～3→KM3→KM2→KM1→KM 电流线圈→信号继电器 KS→连接片 XB1→KCF2 动断触点→断路器动断辅助触点 QF1→LC 线圈→－），合闸接触器 LC 励磁，使断路器重新合闸；同时 KS 励磁动作，发出重合闸动作信号。

断路器重合成功后，其辅助触点 QF1 打开，继电器 KCT、KM 及 KT 均返回。电容 C 重新开始充电，经 15～25s 后充电完毕，准备下次动作。

（3）若线路发生的是永久性故障，自动重合闸的动作过程与上述相同。但在断路器重合后，以故障未消除，装设在线路上的保护装置将再次动作，使断路器第二次跳闸。在断路器第二次跳闸后，重合闸装置再次启动，KT 启动，KT1 经延时闭合后，启动电容器 C，但是由于电容器充电时间（为保护第二次动作时间＋断路器跳闸时间）太短，达不到使 KM 启动所需要的时间（15～25s），电容器 C 来不及冲到 KM 的动作电压，故不能使 KM 动作。这时电容器 C 也不能继续充电，因为 C 与 KM 电压线圈并联。KM 电压线圈两端的电压由电阻 R4（约几兆欧）和 KM 电压线圈（电阻值几千欧）串联电路的分压比决定，其值远小于 KM 的动作电压，从而保证了 ARD 只动作一次。

（4）当用控制开关 SA 手动跳闸时，SA21～23 断开，SA2～4 接通，C 通过电阻 R6 很快放电，KM 不会动作，断路器不会重合。

（5）当控制开关 SA 手动合闸于永久故障线路时，过电流保护动作，因 SA21～23 接通，SA2～4 断开，电容 C 开始充电，同时 SA21～22 接通，使加速继电器 KAT 动作，KAC 的触点瞬时闭合，使断路器加速跳闸。这时，由于电容 C 充电时间短，来不及充到使 KM 动作所需电压，所以断路器不会重合。

（6）防跳。线路发生永久故障时，为了防止 KM1、KM2、KM3 触点被粘住而不能返回时，出现断路器的多次跳合现象——跳跃现象，在断路器的跳闸回路串接了跳跃闭锁继电器 KFJ 的电流线圈，在断路器跳闸时，KCF 动作，其动断触点 KCF2 打开，切断合闸回路，同时，其动合触点 KCF1 闭合，KCF 电压线圈通电，实现自保持，这样，就防止了断路器的"跳跃"现象的发生。

（三）自动重合闸与继电保护的配合

1. 重合闸前加速保护

（1）原理。自动重合闸前加速保护，又简称为"前加速"。

一般用于具有几段串联的辐射形线路中，自动重合闸装置仅装在靠近电源的一段线路上。当线路上（包括相邻线路及以后的线路）发生故障时，靠近电源侧的保护首先无选择性地瞬时动作跳闸，而后借助自动重合闸来纠正这种非选择性动作。如图 3-14 所示。

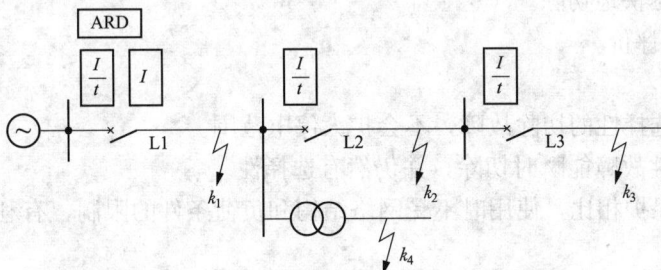

图 3-14　"前加速"原理说明

线路 L1、L2、L3 上任意一点发生故障时，电流速断保护首先动作瞬时跳开电源侧断路器，然后启动重合闸装置，将该断路器重新合上，同时将无选择性的电流速断保护闭锁。

如果为瞬时性故障，重合成功，恢复正常供电；如为永久性故障，依靠各段线路定时限过电流保护有选择性地切除故障。

为了使无选择性的动作范围不致过长，保护 3 的启动电流应躲过相邻变压器低压侧短路。

（2）"前加速"评价。

1）优点。

（a）能够快速地切除瞬时性故障。

（b）使用设备少，只需装设一套重合闸装置，简单、经济。

2）缺点。

（a）装 ARC 的 QF 动作次数多，工作条件恶劣。

（b）永久性故障切除时间可能较长。

（c）若自动重合闸或 3QF 拒动，停电范围扩大。

重合闸前加速保护主要用于 35kV 及以下发电厂或变电所引出的直配线上。

2. 重合闸后加速保护

（1）原理。自动重合闸后加速保护，又简称为"后加速"。

采用 ARD 后加速时，必须在线路各段上都装设有选择性的保护和自动重合闸装置。但不装设专用的电流速断保护。如图 3-15 所示。

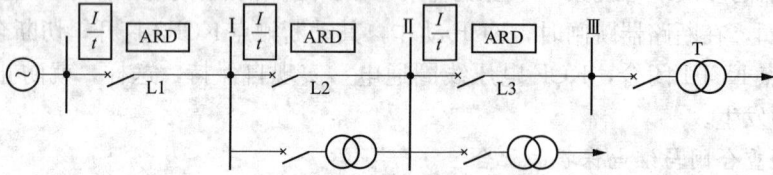

图 3-15　"后加速"原理说明

当任一线路上发生故障时，首先由故障线路的选择性保护动作将故障切除，然后由故障线路的自动重合闸装置进行重合。瞬时故障，则重合成功，线路恢复正常供电。永久性故障，加速故障线路的保护装置使之不带延时的将故障再次切除。重合闸动作后加速了保护动作，使永久性故障尽快地切除。

（2）"后加速"评价。

1）优点：

（a）第一次有选择性的切除故障，不会扩大停电范围。

（b）保证永久性故障能瞬时切除，并仍然有选择性。

（c）和前加速保护相比，使用时不受网络结构和负荷条件的限制，有利而无害。

2）缺点：

（a）每个断路器上都需要装设一套重合闸，与前加速相比较为复杂。

（b）第一次切除故障可能带有延时。

重合闸后加速保护广泛用于 35kV 及以上电网，且应用范围不受电网结构的限制。

单元五　二次回路配线所用工具与仪表简介

一、钢丝钳

1. 规格

以钳身全长的毫米数标定，常用规格有 150、175、200 三种。

2. 结构及用途

（1）钳柄。施力部位，套有额定工作电压 500V 的绝缘套管。

（2）钳头。包括钳口（弯绞、钳夹导线线头）、齿口（紧固或旋松螺母）、刀口（剪切导线、勒剥导线绝缘层）和铡口（铡切钢丝等较硬金属丝）。

3. 使用及注意事项

（1）使用时必须确保钳柄的绝缘良好。

（2）带电剪切导线时不得同时剪切 2 根及 2 根以上导线，以防短路。

（3）操作时刀口面向操作这一侧，不得用作锤子。

（4）活动部位注意润滑保养。

二、尖嘴钳

1. 规格

以全长毫米数标定，常用规格 130、160 和 180 三种。

2. 结构与用途

（1）头部尖细，适用于夹持小零件及在狭小空间操作。

（2）剪切细小金属丝。

（3）低压电器安装时，可将导线弯成一定圆弧的接线端环（羊眼圈儿）。

三、断线钳（斜口钳）

主要用来剪切较粗的软电缆或配盘时的导线分切。

四、剥线钳

剥削小直径导线绝缘层专用工具。

使用场所：导线规格较小且相对统一，剥削量较大时（配盘时）。

使用时注意导线与切口槽的匹配。

五、螺钉旋具（螺丝刀、改锥、起子）

紧固和拆卸螺钉的专用工具。

1. 规格

（刀杆直径毫米数×）金属刀杆长度毫米数，常用规格有 50（2″）、100（4″）、150（6″）、200（8″）等。

2. 种类

"一"字形和"十"字形，握柄一般为木质、塑料、有机玻璃。

3. 使用及安全注意事项

（1）电工不可用金属杆直通柄顶的螺丝刀。

（2）带电作业时不得触及金属部分，为安全使用可将刀杆大部分缠上绝缘带或套上绝缘管。

（3）用力方向不得对着别人或自己以防脱落伤人。

（4）操作时用力适当，不能打滑以免损伤螺钉槽口。

（5）不允许当作凿子使用，以面手柄破裂。

六、电工刀

1. 用途

剥削导线绝缘、切割木台缺口、削制木榫等。

2. 使用注意事项

（1）用时刀口应向人体外侧用力。

（2）刀柄无绝缘，不得带电操作。

（3）用毕应随时将刀刃折进刀柄，不得在未折进刀柄时传递电工刀。

（4）不允许用锤子敲打刀片进行剥削。

七、活络扳手

扳手是紧固和松开螺母的专用工具。除活扳手外还有呆扳手（开口）、梅花扳手（眼镜）、套筒扳手、内六方扳手、扭力扳手、专用扳手等。

1. 规格

长度×最大开口宽度，常用规格：150×19（6″）、200×24（8″）、250×30（10″）、300×36（12″）。

2. 结构

柄部：持握施力。

头部：活动扳唇、呆扳唇、蜗轮、轴销等。

3. 使用注意事项

（1）根据螺母大小调节扳口，注意大小螺母施力手法的差异。

（2）活扳手施力较大时不可反用，以免损坏活扳唇，不可用钢管接长手柄施力。

（3）不得用作撬棍或手锤。

八、万用表

电工最常用仪表，一般可测量交流电压、直流电压、直流电流和电阻，有的还可测量电容、电感、电子元件参数、温度等。按显示方式分为指针式和数字式两种。

（一）万用表基本原理

（1）表头。高灵敏度的磁电系微安表。

（2）测量电路。把各种被测量转换为微小电流，达到多用途多量程的目的。

（3）转换开关。用来选择各种电量的种类和量程。

（二）万用表使用方法

1. 交流电压的测量方法（ACV）

（1）测量前应预估测量值，并据此选择合适的量程挡，无法预估时从最高挡开始。

（2）量表笔并联在测量电路两端，不分极性。

（3）严禁带电转换量程开关，尤其是测量高电压时，以免电弧烧坏转换开关触头。

（4）测电压时，养成单手操作的习惯。

2. 直流电压的测量方法（DCV）

测量方法与测交流电压相似，应注意其不同之处。

（1）预估值并选择合适的量程挡。

（2）两表笔红笔皆被测电路的高电位端，黑表笔接被测电路低电位端。

（3）布置电压极性时，应采用较高挡位点测的方法来确定极性。

3. 电阻的测量方法（Ω）

（1）严禁带电测量电路的电阻。测量前应先切断电路电源，如电路中有大电解电容应放电后测量。

（2）测量前或每次更换倍率挡后，都应重新调整欧姆挡零点。量表笔短路，同时调整欧姆调零旋钮，使指针停在欧姆标度尺的零点上。

（3）将被测电阻（电路）跨接在两表笔之间。

（4）测量中不允许用手同时触及被测电阻两端（避免人体电阻的并联）。

（5）选择适当的倍率挡，使读数尽可能停留在表头的 1/2～2/3。

（三）万用表使用注意事项

（1）用前应观察表头指针是否处于零位，不在应调整（机械调零）。

（2）根据被测量的种类及大小，选择合适的转换开关挡位。

（3）读数时，应明确读哪一条标尺，并使眼睛尽可能位于指针的正上方。

（4）测量完毕，应将转换开关置于交流电压最高挡或"OFF"位置。

九、绝缘电阻表（摇表）

主要用来测量大电阻和绝缘电阻。计量单位是"MΩ"。

（一）绝缘电阻表基本原理

（1）表头。磁电系流比计式表头。

（2）手摇发电机。提供测量电源。

（3）比较电路。将被测电阻与定值电阻比较从而得出结果。

（二）绝缘电阻表的选用

（1）常用绝缘电阻表。按其额定电压分 500、1000、2500、5000V 几种。

（2）选用。测额定电压 500V 以下设备或线路的绝缘电阻可选用 500V 或 1000V 绝缘电阻表；额定电压 1000V 以上设备选 2500V 或 5000V 绝缘电阻表。

（三）绝缘电阻表常用测量接线方式及用法

1. 接线方式

（1）测量三相异步电动机的绝缘电阻。

1）相对地绝缘电阻。L 端子接电动机绕组、E 端子接电动机外壳。

2）相间绝缘电阻。L 端子接一相绕组、E 端子接另一相绕组。

（2）测量电力电缆的绝缘电阻。

1）L 端子接电缆金属线芯。

2）E 端子接电缆铠甲层。

3）G 端子接电缆铠甲与金属线芯之间的绝缘层（屏蔽漏电流）。

（3）测量普通线路的绝缘电阻。

1）L 接线路线芯。

2）E 接接地体（金属线管、配电箱外壳等）。

2. 测量方法

顺时针转动手摇发电机手柄，转速由慢到快，直到稳定在 120r/min，指针稳定时读数即可。若设备电容量较大应采用计算吸收比的方法判断设备绝缘是否合格。

3. 绝缘电阻表使用注意事项

（1）测量前应选用额定电压适合的绝缘电阻表并确仪表的良好性：

1）短路试验。

2）开路试验。

（2）绝缘电阻表引出线应采用多股软线且有良好绝缘，引出线忌绞在一起。

（3）接线前必须先切断电源，并对大容量线路或设备进行放电。

（4）测量完毕停止摇动前，应在保证安全的前提下先断开接线再停止摇动，以防储存电荷通过表头放电损坏表计；最后对被测物放电，在没有放电前不可用手直接触及引出线及被测物带电部位以防触电。

学习情境四　二次回路的检验

教学目标

1. 专业能力目标

（1）掌握二次回路检验的要求。

（2）能熟练对常用继电器的定值进行检验。

（3）掌握 10kV 线路保护屏的整组动作试验的步骤及方法，具备二次回路试验能力。

（4）掌握二次回路故障的排查方法，能对 10kV 线路保护屏进行排故。

2. 社会能力目标

（1）培养学生的沟通能力及团队协作精神。

（2）培养学生分析问题、解决问题的能力。

（3）培养学生勇于创新、敬业乐业的工作精神。

（4）培养学生的安全意识，文明、严谨、认真的工作作风。

3. 方法能力目标

（1）文件资料收集整理能力。

（2）制订实施工作计划、检查与评价能力。

工作任务

10kV 线路保护柜的检验与调试。

任务描述

在盘体配线完成后，分别对各个二次回路的功能进行检验，如有问题应进行调试，满足图纸的功能要求。我们采用的是二次电流法的整组传动实验。

任务准备

1. 任务分工　工作负责人_____调试人_____仪器操作人_____记录人_____

2. 检验所用工具及材料

检验所用工具及材料见表 4-1。

表 4-1　　　　　　　　　　　　检验所用工具及材料

种类	名称	型号	数量	确认
仪器仪表	测试电源车	−110～220V	1 台	
	万用表		1 块	

续表

种类	名称	型号	数量	确认
	剥线钳		1把	
	圆嘴钳		1把	
	偏口钳		1把	
工具	套筒扳手		1套	
	螺钉旋具	十一	2把	
	尖嘴钳		1把	
	盒尺	2m	1个	
材料	短接线	BLV-2.5	4根	
图纸资料	接线图、原理图		1套	

3. 危险点分析与预控

危险点分析与预控格式见表 4-2。

表 4-2　　　　　　　　　　危 险 点 分 析 与 预 控

危险点	预防措施	确认签名

任 务 实 施

1. 制订检验方案

(1) 制订工作流程，画出流程图。

(2) 制作数据记录表。

(3) 制定检测步骤。

2. 按测试方案进行实施

(1) 外观检查。外观检查见表 4-3。

表 4-3　　　　　　　　　　外 观 检 查

检查内容	存在问题	解决方法与结果
器件		
核对线号		
端子排		
导线紧固		

(2) 仪表检查。仪表检查见表 4-4。

表 4-4　　　　　　　　　　仪 表 检 查

检查项目	检查结果	存在问题	排除方法
熔断器			
连接片			
实验型端子			

续表

检查项目	检查结果	存在问题	排除方法
交流电压回路			
交流电流回路			
电流速断保护			
定时限过流保护			
低电压闭锁			
断路器控制回路			
一次自动重合闸装置			

（3）整组动作实验。整组动作实验见表 4-5。

表 4-5 　　　　　　　　　　整 组 动 作 实 验

步骤序号	操作内容	现象	存在的故障	查找过程

（4）检验结果（第一次通电）。检验结果见表 4-6。

表 4-6 　　　　　　　　　　检 验 结 果

测试内容	测试结果	备注
低电压闭锁		
手动合闸		
手动分闸		
电流速断		
定时限过流		
一次自动重合闸		

知 识 链 接

单元一　二次回路检验的要求

一、二次回路的检验

对二次回路（包括继电保护装置、自动装置及仪表）的检验分为 3 种：

（1）新安装设备及仪表的验收检验。

（2）运行中的设备、仪表的定期检验。

（3）运行中的补充检验。

二、安全注意事项

在继电保护等二次回路上进行检修试验时,至少应由 2 人进行,切实执行工作票制度,并注意以下安全事项:

(1) 注意带电设备和检验设备的隔离。

(2) 当需要在带电的电流互感器二次回路上工作时,应注意以下事项。

1) 严禁将电流互感器二次侧开路。

2) 短路电流互感器二次线圈时,必须使用短路片或截面积不少于 2.5mm^2 的铜线,务必使短路可靠,严禁用导线缠绕的方法短路。

3) 严禁在电流互感器与短路端子间的二次回路上进行工作。

4) 工作必须认真谨慎,不得将回路的永久性接地点断开。

5) 工作时必须使用绝缘工具,并站在绝缘垫上,而且要有专人监护。

(3) 当需要在带电的电压互感器二次回路上工作时,应采取以下安全措施:

1) 严禁将电压互感器二次侧短路,必要时可在工作开始前停用有关保护装置。

2) 应使用绝缘工具,戴手套。

3) 当需要接上临时负荷时,必须装设专用开关和可熔保险器。

(4) 当电压互感器二次回路通电试验时,为防止由其二次侧向一次侧反送电,除应将二次回路断开外,还应取下二次侧熔断器或断开隔离开关。

(5) 检修试验的作业地点应尽可能保持整洁,以免由于杂乱无章造成事故。

(6) 当检验工作需要断开二次回路时,应尽可能使用试验端子或特殊端子,确需断开接线时,应做好标记,试验完毕应即时恢复原状。

单元二 继电器定值检验

在保护屏上检验继电器定值时,电源可以从端子排的对应端子上接入,继电器动作情况可在其接点上接入电池灯。

一、电压继电器定值检验

1. 试验接线

如图 4-1 所示,接 A、B 相,测试完后再接 BC、CA 相。

2. 试验步骤

(1) 按图接线,可先接 AB 相,即 KV1,再试 KV2,KV3。

(2) 调节调压器 T,监视电压表,使电压继电器动作,测量动作电压和返回电压值。

(3) 调整电压继电器整定把手,使电压继电器动作电压为 80V,返回系数不大于 1.2,重复试验 3 次。

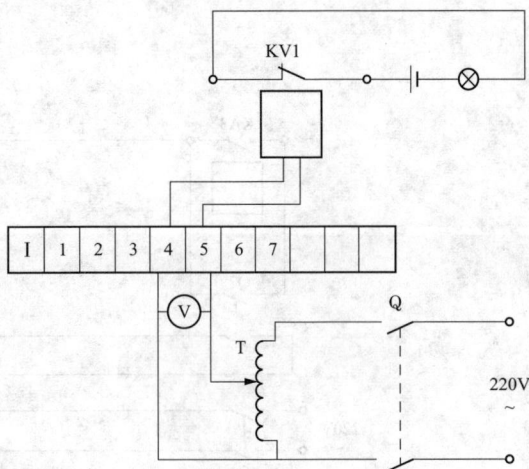

图 4-1 电压继电器定值检验接线图

二、电流继电器定值检验

1. 接线图

由于电流速断和过电流继电器串联相接，所以试验时同时接入电流。如图 4-2 所示。

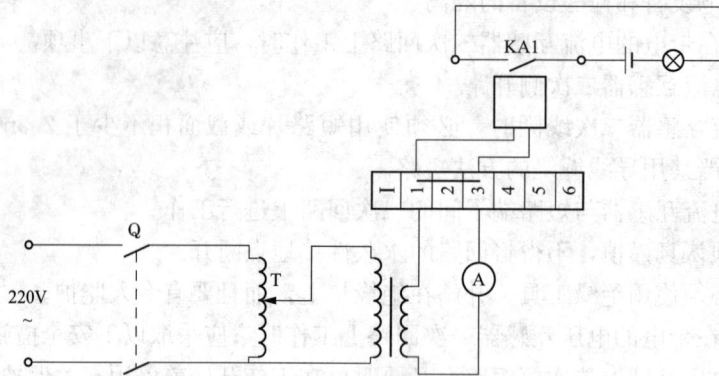

图 4-2 电流继电器定值检验接线图

2. 试验步骤

（1）按图接线，并打开试验端子 I-1，I-2，注意接线时，应把电流引入电流继电器，而不能接入电流互感器中去。

（2）调节电流，测量 KA1 的动作电流和返回电流值，测量 KA3 的动作电流和返回电流值。

（3）调整电流继电器整定把手，使 KA1 的动作电流为 5A，KA3 的动作电流为 1.5A，其返回系数均应大于 0.85。

（4）将接线换至 C 相即端子 2 和 3 上用上述方法检验 KA2 和 KA4 两个继电器，并使 KA2 和 KA4 动作电流分别为 5A 和 1.5A，返回系数大于 0.85。

（5）试验完毕，拆除接线，恢复试验端子 1，2 为原来的状态。

三、时间继电器定值检验

1. 接线图

接线如图 4-3 所示。

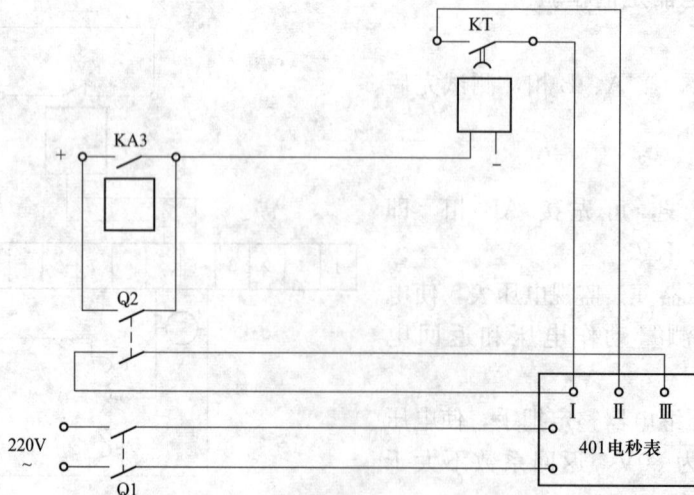

图 4-3 时间继电器定值检验接线图

2. 试验步骤

（1）按图 4-3 所示接线，拆开 2XB 连接片。

（2）接上直流控制电源 WC＋和 WC－。

（3）合上交流电源开关 Q1 使电秒表空转预热。

（4）合上开关 Q2，电秒表开始计时，待时间继电器 KT 延时触点闭合时，电秒表停走，此时电秒表所记时间即为 KT 整定时间。

（5）调整 KT 的延时静触点，使其时间整定为 2s，连续测量动作时间 3 次，每次测量值与定值误差不超过±0.07s。

（6）断开电源，拆除接线恢复 XB2。

单元三　二次回路整组动作试验

一、整组动作试验的目的和内容

为确保继电保护装置正确、可靠地动作，在对继电器（或成套装置）进行元件（或单项）试验后，还必须对继电保护装置和自动装置进行操作断路器的整组动作试验。

整组动作试验包括下述内容：

（1）确定继电保护装置和自动装置接线是否与原理接线图相吻合，并检查有无寄生回路存在。

（2）检查所有继电器（由启动元件到出口元件）按相及按套（保护相间及单相短路，以及主保护和备用保护等）的动作及动作顺序（必要时还有时间配合）是否正确，并检查它们的相互配合情况。

（3）运行中可能改变接线或改变保护装置整定值用的切换开关等的位置时，检查接线回路的动作是否正确。

（4）检查闭锁装置动作的可靠性，例如电压回路断线闭锁装置、振荡闭锁装置以及其他的闭锁装置等。

（5）由操作手柄及继电保护装置和自动装置的每一个出口继电器检验断路器的跳闸及合闸情况。

（6）检验自动重合闸及备用电源自动投入装置，模拟永久性短路时上述装置的动作次数，检验同期鉴定和无电压鉴定装置等对自动重合闸的闭锁作用，检验带前加速或后加速保护装置的自动重合闸的相互动作，以及其他按设计原理要求所进行的相互动作检验。

（7）检查各种信号的动作情况。

1）检查监视继电保护装置与系统自动装置状况的信号工作情况。

2）检查动作于信号的保护装置，其信号的显示情况，例如瓦斯保护信号及过负荷信号等。

3）模拟各种不正常方式（如熔断器熔断，跳闸与合闸回路断线，直流消失其他不正常情况等）以检验中央信号及其他信号的工作是否正确。

4）检验在操作回路内发生故障时（如灯、继电器、限流电阻等断开，短路或其他问题）是否引起误跳闸或误合闸。

二、试验方法及注意事项

在对继电保护和自动装置进行整组动作试验时，一般采用下述 3 种方法：

1. 一次大电流法

用一次电流法对继电保护和自动装置的整组动作试验是在接继电保护的电流互感器的一次侧施加大电流，这时反映电流增大的保护装置将使出口继电器动作。

这种方法可以直接检查出电流互感器的一、二次变换，以及整个保护回路及二次接线的正确性和完整性，但试验设备重量大，且试验做起来麻烦。

2. 二次电流法

二次电流法就是在接继电保护装置的电流互感器二次线圈出线端子处施加电流保护动作。

这种方法可以检验出从电流互感器二次侧直至整套保护装置和自动装置及二次接线的正确性和完整性。与一次大电流相比，仅无检验电流互感器的一、二次变换的差异，但此方法所需设备容量较小，携带轻便且接线简单。

3. 短接（或断开）启动元件触点法

利用导线将继电保护的启动元件触点短接（即模拟启动元件动作），以检验保护的相互动作情况和顺序，以及动作于断路器跳闸和自动合闸的工作情况等。这种方法简单易行，无需试验设备，缺点是没有检验到互感器一、二次变换及启动元件的动作情况。

无论采用以上哪种方法进行整组动作试验，均应注意以下几点：

（1）在进行整组动作试验前，应断开在相互动作过程中可能引起其他装置误动作的压板或回路。

（2）如电气设备有多重保护时，可按套分别进行。

（3）如保护装置是按相分开设置的，整组动作检验亦应按相进行，所有连线、压板、切换开关均应在它可工作的位置上，检查保护动作的正确性，同时应注意检查是否有迂回回路的存在。

（4）对新安装的继电保护及自动装置进行整组动作试验时，应将盘上直流电压降至 80％ 额定电压进行，以模拟当直流母线电压降低时，检验装置动作的正确性和可靠性。

单元四　二次回路故障的排查

一、二次回路故障查找的一般原则

（1）根据故障现象、事故及预告信号显示情况，有关表计指示情况等进行综合分析，以确定故障范围。

（2）各种回路之间的故障兼而有之时，应分清主次，从主要回路入手。

（3）查找某一具体回路故障时，应首先检查并排除电源部分的故障。首先检查直流母线电压是否正常及熔断器是否良好等，然后再检查容易发生故障的元件。

（4）对于隐蔽的二次回路故障，通常应用万用表，试电笔等进行检查。

若用万用表查找故障，在带电回路中检查时可以选用电压挡，对取下熔断器后的回路检查时可用电阻挡。

查找继电保护和自动装置回路的故障时可进行模拟事故的整组试验，以检查回路的正确性及各继电器的动作情况。

二、查找二次回路故障的常用方法

（一）用试验法观察故障现象

用试验法观察故障现象，结合原理图初步判断故障的范围。

试验法是在不扩大故障范围、不损坏电气设备和机械设备的前提下，对二次回路进行通电试验，通过观察电器元件的动作情况，检查各回路的动作程序是否符合图纸的要求，并结合故障现象作具体分析，迅速缩小范围，从而判断出故障所在。这种方法是以准为前提、以快为目的的检查方法。

（二）用测量法确定故障点

测量法是利用电工工具和仪表对线路进行断电或带电测量，是查找故障点的有效方法。最常用的有电阻分阶测量法和电压分阶测量法。

1. 电阻分阶测量法

如图 4-4 所示，分阶测量速断保护回路的电阻。

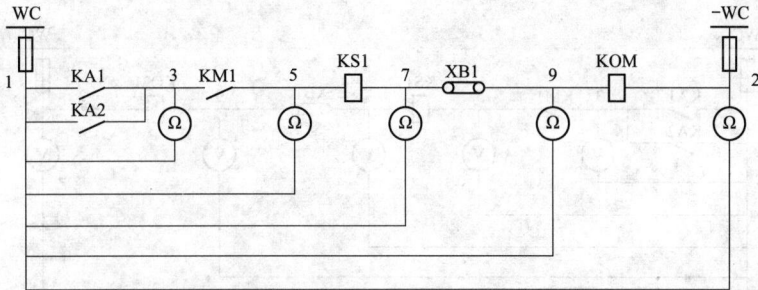

图 4-4　分阶测量速断保护回路的电阻

电阻分阶测量法是在确定故障范围后、断开电源的情况下，用万用表的欧姆挡测量线路的直流电阻参数并最终找到故障点的方法。由于此方法是在断电的情况下操作的，相对比较安全，是初学者最常用的方法。测量检查时，把万用表的转换开关置于适当倍率的电阻挡，然后按图 4-4 方法进行测量。结果如下：

1-3 间，短接 KA1 或 KA2 的触点测得电阻为零（正确）；

1-5 间，短接 KA1 和 KM1 的触点测得电阻为零（正确）；

1-7 间，短接 KA1 和 KM1 的触点测得电阻为 KS1 的线圈电阻（正确）；

1-9 间，短接 KA1 和 KM1 的触点测得电阻为 KS1 的线圈电阻（正确）；

1-2 间，短接 KA1 和 KM1 的触点测得电阻为无穷大（不正确）；

故障点为出口继电器 KOM 的线圈断线或接触不良，见表 4-7。

2. 电压分阶测量法

如图 4-5 所示，分阶测量速断保护回路的电压。

电压分阶测量法是在确定故障范围后、不断电的情况下进行的，通过测量线路的直流电压参数并最终找到故障点的方法。采用此方法查找故障时，因为是带电作业，必须有人监护，操作要格外小心，避免发生触电和短路事故。测量检查时，将万用表的转换开关置于直流 500V 的挡位上，可按图 4-5 方法进行测量。

表 4-7		测　量　结　果					
故障现象	测试状态	1-3 间	1-5 间	1-7 间	1-9 间	1-2 间	故障点
速断保护不跳闸（跳闸回路完好）	短接 KA1 或 KA2	接近零					
	短接 KA1 和 KM1		接近零 0				
	短接 KA1 和 KM1			R(KS1 线圈电阻)			
	短接 KA1 和 KM1				接近 R		
	短接 KA1 和 KM1					无穷大	KOM 线圈断线

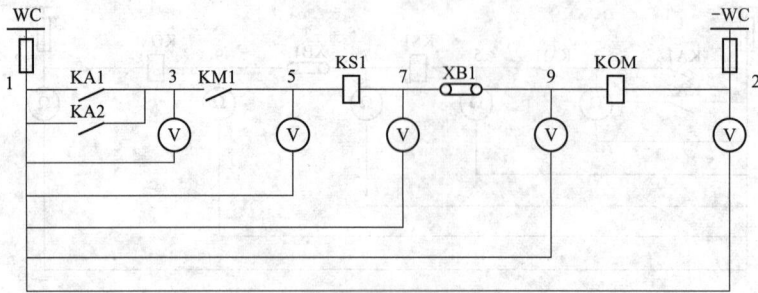

图 4-5　电压分阶测量法

结果如下：（短接 KA1 和 IKM）

1-3 间，短接 KA1 和 IKM 的触点测得电压为零；

1-5 间，短接 KA1 和 IKM 的触点测得电压为零；

1-7 间，短接 KA1 和 IKM 的触点测得电压为零；

1-9 间，短接 KA1 和 IKM 的触点测得电压为零；

1-2 间，短接 KA1 和 IKM 的触点测得电压为 110V；

故障点为出口继电器 KOM 的线圈断线或接触不良。

三、查找二次回路故障的注意事项

（1）查故的思路。根据现象—分析事故范围—检查元件及线路。

（2）检查顺序。电源电压；熔断器；元器件；线路。

（3）在排除故障的过程中，故障分析的思路、排除故障的方法要正确。

（4）用测电笔测故障时，必须检查测电笔是否符合使用要求。

（5）不能带电触摸电器元件，带电检修时，现场必须有监护人，并确保安全。

（6）仪表使用要正确，以防止引起错误判断。

（7）排除故障应尽量在短时间内完成，以免对生产带来较大影响。

情 境 训 练 （任务：10kV 线路保护柜的检验）

一、10kV 线路保护柜继电器的整定测试

原始资料：KV1、KV2、KV3 的整定值为 80V；KA1、KA2 的整定值为 5A；KA3、KA4 的整定值为 1.5A；KT 的整定值为 2s。

1. 电压继电器的整定测试

准备仪器、工具、导线。

按图 4-1 接线，可先接 AB 相，即 KV1，再试 KV2，KV3。

调节调压器 T，监视电压表，使电压继电器动作，测量动作电压和返回电压值。

打开电压继电器 KV1 的面罩，调整电压继电器整定把手，使电压继电器动作电压为 80V，返回系数不大于 1.2，重复试验 3 次。

试验完毕，拆除接线。

KV2、KV3 的测试同 KV1。

2. 电流继电器的整定测试

准备仪器、工具、导线。

按图 4-2 接线，并打开试验端子 I—1，I—2，注意接线时，应把电流引入电流继电器，而不能接入电流互感器中去。

调节电流，测量 KA1 的动作电流和返回电流值，测量 KA3 的动作电流和返回电流值。

调整电流继电器整定把手，使 KA1 的动作电流为 5A，KA3 的动作电流为 1.5A，其返回系数均应大于 0.85。

将接线换至 C 相即端子 2 和 3 上用上述方法检验 KA2 和 KA4 两个继电器，并使 KA2 和 KA4 动作电流分别为 5A 和 1.5A，返回系数大于 0.85。

试验完毕，拆除接线，恢复试验端子 1，2 为原来的状态。

KA2、KA4 的测试同 KA1、KA3。

3. 时间继电器的整定测试

准备仪器、工具、导线。

按图 4-3 接线，拆开 2XB 连接片。

接上直流控制电源 WC＋和 WC－。

合上交流电源开关 Q1 使电秒表空转预热。

合上开关 Q2，电秒表开始计时，待时间继电器 KT 延时触点闭合时，电秒表停走，此时电秒表所记时间即为 KT 整定时间。

调整 KT 的延时静接点，使其时间整定为 2s，连续测量动作时间 3 次，每次测量值与定值误差不超过±0.07s。

断开电源，拆除接线恢复 XB2。

二、10kV 线路保护柜整组传动试验（二次电流法）

操作步骤：

（1）按图 4-6 接线，合上总电源开关，电源指示灯亮。

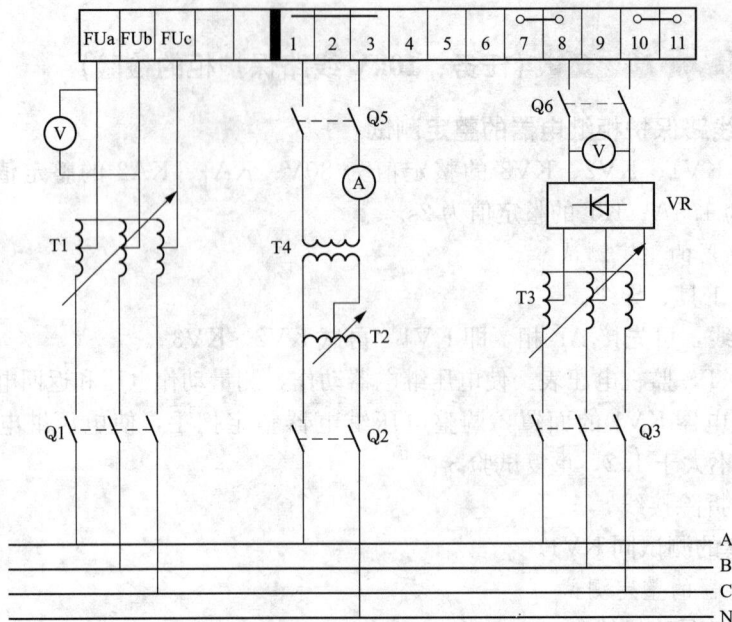

图 4-6 保护屏整组动作试验接线
Q—开关；T1、T2、T3—调压器；T4—升流器；VR—整流器；FU—熔断器

（2）试验直流回路。合上自动开关 Q3，调节调压器 3T，使直流电压为 110V。
合上刀开关 Q6，光字牌 HR 及绿灯 HGn 亮。

（3）试验交流电压回路。合上自动开关 Q1，调节调压器 T1，升高交流电压至 80V 左右，光字牌 HR 应熄灭。

（4）试验控制操作回路。用控制开关合闸，绿灯 HGn 灭，红灯 HRd 亮。

（5）试验定时限过流保护动作情况。合上自动开关 Q2 及刀开关 Q5，调节调压器 T2，增大电流使定时限过电流保护动作跳闸，信号继电器 KS2 动作掉牌，发出事故音响信号。

调回调压器 T2，拉开刀开关 Q5。

（6）试验速断保护动作情况。打开连接片 XB2，退出过电流保护，然后合闸；调节调压器 T1，降低交流电压，使光字牌亮；合上刀开关 Q5，调节调压器 T2 增加电流，使速断保护动作跳闸，信号继电器 KS1 动作掉牌，发出事故音响信号。

调回调压器 T2 降低电流至零，然后合闸。

（7）试验重合闸动作情况。将连接片 XB3 投入，调节调压器 T2 增加电流，使速断保护动作跳闸，信号继电器 KS1 动作掉牌，发出事故音响信号，绿灯 HGn 亮，红灯 HRd 灭，重合闸自动装置启动后，调节调压器 T2 减小电流，经过延时重合成功，绿灯 HGn 灭，红灯 HRd 亮。调回调压器 T2 降低电流至 0，拉开刀开关 Q5。

（8）调节 T1 降低交流电压至 0；调节 3T 降低直流电压至 0；拉开刀开关 Q6 和自动开关 Q1、Q2 及 Q3。

（9）拆除全部试验接线，拉开总电源开关。

提示：
速断及过电流保护分别加 A 相和 C 相进行试验。

三、10kV 线路保护柜整组传动试验（短接启动元件法）

操作步骤：

（1）按图 4-6 接线，合上总电源开关，电源指示灯亮。

（2）试验直流回路。合上自动开关 Q3，调节调压器 T3，使直流电压为 110V。合上刀开关 Q6，光字牌 HR 及绿灯 HGn 亮。

（3）试验交流电压回路。合上自动开关 Q1，调节调压器 T1，升高交流电压至 80V 左右，光字牌 HR 应熄灭。

（4）试验控制操作回路。用控制开关合闸，绿灯 HGn 灭，红灯 HRd 亮。

短接中间继电器 KOM 的动合触点，断路器动作跳闸，绿灯 HGn 亮，红灯 HRd 灭。然后用控制开关合闸。

（5）试验定时限过流保护动作情况。短接电流继电器 KA3 的动合触点，定时限过电流保护延时动作跳闸，信号继电器 KS2 动作掉牌，发出事故音响信号，然后手动合闸。

短接电流继电器 KA4 的动合触点，定时限过电流保护延时动作跳闸，信号继电器 KS2 动作掉牌，发出事故音响信号，然后手动合闸。

短接时间继电器 KT 的动合触点，定时限过电流保护不延时动作跳闸，信号继电器 KS2 动作掉牌，发出事故音响信号。

（6）试验速断保护动作情况。打开连接片 XB2，退出过电流保护，然后手动合闸。

调节调压器 T1，降低交流电压，使光字牌亮。

短接电流继电器 KA1 的动合触点，速断保护动作跳闸，信号继电器 KS1 动作掉牌，发出事故音响信号，然后合闸。

短接电流继电器 KA2 的动合触点，速断保护动作跳闸，信号继电器 KS1 动作掉牌，发出事故音响信号。

（7）调节 T1 降低交流电压至 0；调节 T3 降低直流电压至 0；拉开刀开关 Q6 和自动开关 Q1 及 Q3。

（8）拆除全部试验接线，拉开总电源开关。

提示：

速断及过电流保护分别加 A 相和 C 相进行试验。

附录 A 《10kV 线路保护柜的装配与调试》课程任务工单

任务工单 1.1

任务名称	中间继电器的检验		学时		成绩	
学生姓名		专业班级			学号	
实训设备	10kV 线路保护柜 电源车	实训场地			日期	
任务要求	掌握中间继电器的动作原理、内部接线；能对中间继电器进行检验。					

一、资讯

(1) 中间继电器的型号及各部分含义？

(2) 中间继电器的结构和工作原理？

(3) 什么是动作电压、返回电压、返回系数？

(4) 画出中间继电器的内部接线。

二、计划与决策

(1) 人员分工：监护人_____

　　　　　　　操作人_____

（2）作业方式：

（3）列写完成任务所需的工具材料清单：

（4）危险点分析与采取的措施：

三、实施

中间继电器检验步骤：

（1）画出检验接线图。

（2）按图接线。

（3）检验步骤：

（4）数据记录：

名称 测量值	动作电压 U_{act}（V）				返回电压 U_{re}（V）				返回系数 K_{re}
	1	2	3	平均值	1	2	3	平均值	
KM1									
KM2									
KM3									
KM4									

（5）数据分析与结论：

任务工单 1.2

任务名称	电流继电器的检验		学时		成绩	
学生姓名		专业班级			学号	
实训设备	10kV 线路保护柜 电源车	实训场地			日期	
任务要求	掌握电流继电器的动作原理、内部接线；能对电流继电器进行检验。					

一、资讯

(1) 电流继电器的型号及各部分含义？

(2) 电流继电器的结构和工作原理？

(3) 什么是动作电流、返回电流、返回系数？

(4) 画出电流继电器的内部接线。

二、计划与决策

(1) 人员分工：监护人_____

             操作人_____

(2) 作业方式：

(3) 列写完成任务所需的工具材料清单：

（4）危险点分析与采取的措施：

三、实施

电流继电器检验步骤：

（1）画出检验接线图。

（2）按图接线。

（3）检验步骤：

（4）数据记录：

名称 测量值	动作电流 I_{act}（A）				返回电流 I_{re}（A）				返回系数 K_{re}
	1	2	3	平均值	1	2	3	平均值	
KA1									
KA2									
KA3									
KA4									

JL 型的 KA 在通电试验时，其触点的动作情况填入下表：

名称 测量结果	不加辅助电源		加辅助电源		加辅助电源，同时也加电流超过整定值	
	①③	⑤⑦	①③	⑤⑦	①③	⑤⑦
KA						

（5）数据分析与结论：

任务工单 1.3

任务名称	电压继电器的检验		学时		成绩	
学生姓名		专业班级			学号	
实训设备	10kV 线路保护柜 电源车	实训场地			日期	
任务要求	掌握电压继电器的动作原理、内部接线；能对电压继电器进行检验。					

一、资讯

(1) 电压继电器的型号及各部分含义？

(2) 电压继电器的结构和工作原理？

(3) 画出电压继电器的内部接线。

二、计划与决策

(1) 人员分工：监护人_____

操作人_____

(2) 作业方式：

(3) 列写完成任务所需的工具材料清单：

(4) 危险点分析与采取的措施：

三、实施

电压继电器检验步骤：

（1）画出检验接线图。

（2）按图接线。

（3）检验步骤。

（4）数据记录：

名称 ＼ 测量值	动作电压 U_{act}（V）				返回电压 U_{re}（V）				返回系数 K_{re}
	1	2	3	平均值	1	2	3	平均值	
KV1									
KV2									
KV3									

DY 型的 KV 在通电试验时，注意线圈的串并联情况。

JY 型的 KV 在通电试验时，其触点的动作情况填入下表：

名称 ＼ 测量结果	不加辅助电源		加辅助电源		加辅助电源，同时也加电压超过整定值	
	①③	⑤⑦	①③	⑤⑦	①③	⑤⑦
KV						

（5）数据分析与结论：

任务工单 1.4

任务名称	时间继电器和信号继电器的检验		学时		成绩	
学生姓名		专业班级			学号	
实训设备	10kV 线路保护柜 电源车	实训场地			日期	
任务要求	掌握时间继电器和信号继电器的动作原理、内部接线；能对时间继电器和信号继电器进行检验。					

一、资讯

(1) 时间和信号继电器的型号及各部分含义？

(2) 时间继电器和信号继电器的结构和工作原理？

(3) 画出时间继电器和信号继电器的内部接线。

二、计划与决策

(1) 人员分工：监护人_____

　　　　　　　　操作人_____

(2) 作业方式：

(3) 列写完成任务所需的工具材料清单：

(4) 危险点分析与采取的措施：

三、实施

时间继电器和信号继电器检验步骤：

(1) 当通入的交流电流达到 1.5A 时，开始延时，5s 后点亮光字牌，并发掉牌信号，设计电路实现该功能。画出检验接线图。

(2) 按图接线。

(3) 检验步骤。

(4) 现象记录：

(5) 结论：

四、检查与评估

(1) 小组自评：

(2) 教师评价：

任务工单 2

任务名称	10kV 线路保护柜的装配		学时		成绩	
学生姓名		专业班级			学号	
实训设备	10kV 线路保护柜	实训场地			日期	
任务要求	掌握保护柜的装配步骤和配线方法；熟悉二次线装配的工艺要求；能根据图纸要求，装配 10kV 线路保护柜。					

一、资讯

(1) 展开接线图的特点与编号方法是什么？

(2) 屏后接线图的组成是什么？

(3) 什么是相对编号法？

(4) 简述二次线装配的步骤。

(5) 二次线装配的工艺要求？

二、决策与计划

(1) 制定工作流程，画出流程图。

(2) 人员分工：操作人_____监护人_____

（3）所用工具、材料清单（列表）。

（4）危险点分析与采取的防范措施（列表）。

三、实施（任务：10kV 线路保护柜的装配）

子任务一：

（1）试分析 10kV 线路电流速断保护工作原理。

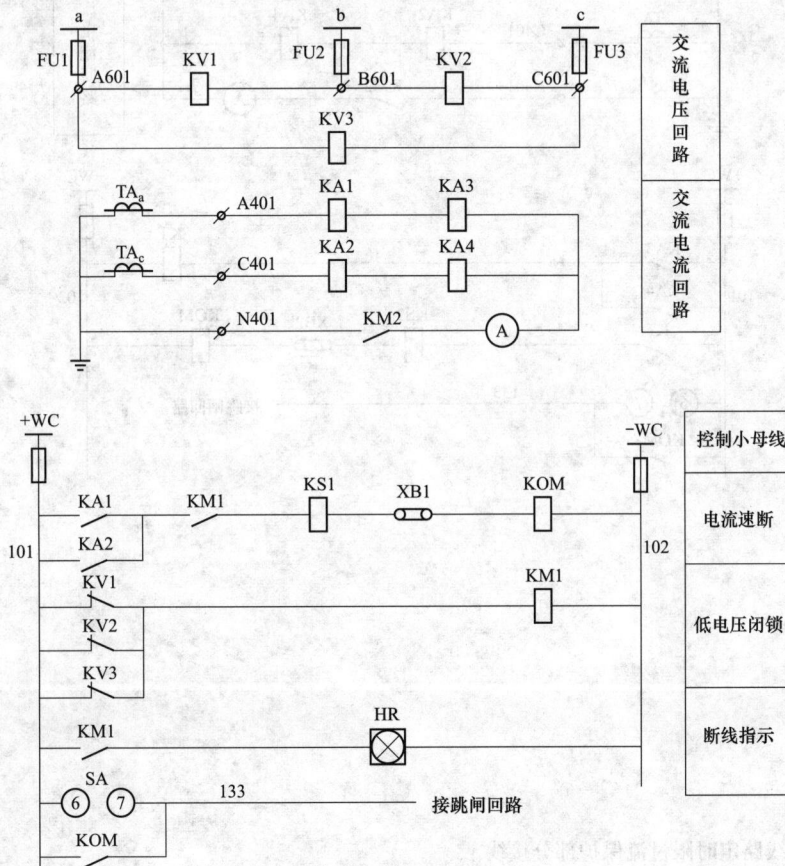

工作原理：

（2）10kV 线路速断保护部分接线。

子任务二：
（1）试分析 10kV 线路定时限过流保护工作原理。

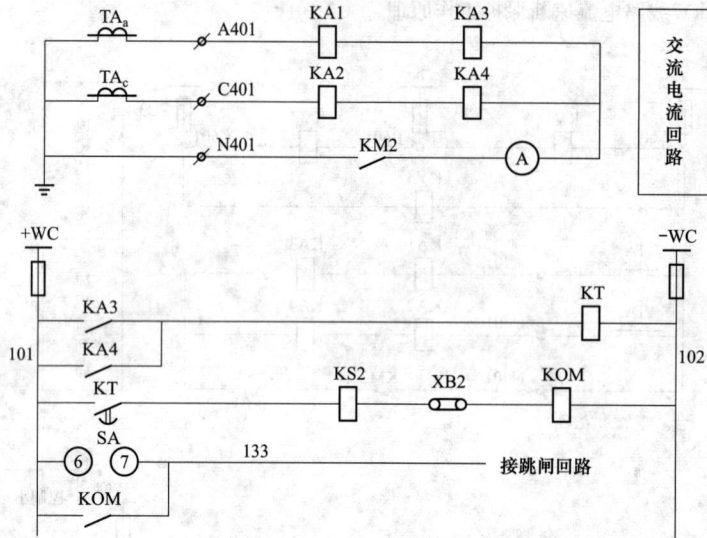

工作原理：

（2）10kV 线路定时限过流保护部分接线。

子任务三：

(1) 试分析断路器控制回路工作原理。

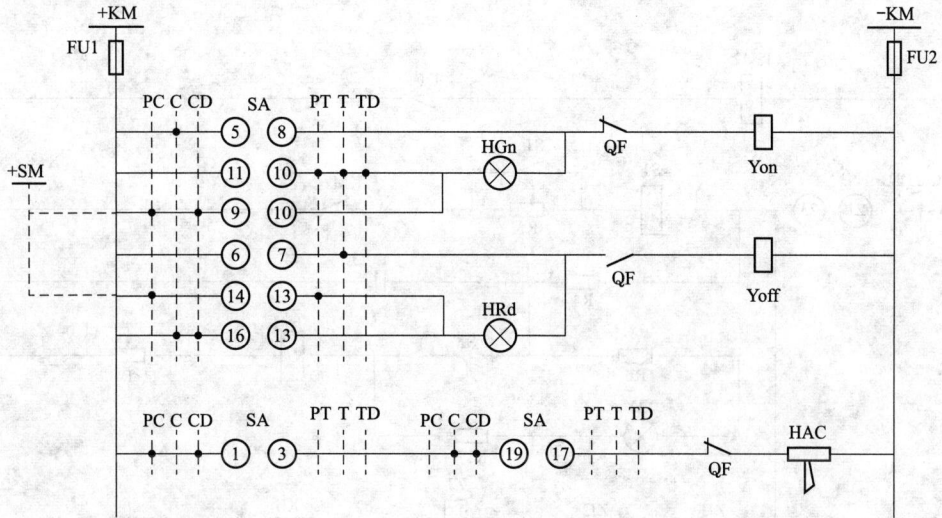

工作原理：

(2) 10kV 线路断路器控制回路部分接线。

子任务四：
（1）试分析一次重合闸自动装置工作原理。

工作原理：

（2）重合闸自动装置部分接线。

四、检查与评估
（1）小组自评：

（2）小组互评：

（3）教师评价：

任务工单 3

任务名称	10kV 线路保护柜的检验与排故	学时		成绩	
学生姓名		专业班级		学号	
实训设备	10kV 线路保护柜	实训场地		日期	
任务要求	了解在二次回路进行检修实验时应遵守的安全规程；在带电二次回路上工作的安全注意事项；掌握自检和整组动作实验的方法；能进行自检和整组动作实验并能排除各种故障				

一、资讯

(1) 继电保护装置的检验分为几种？

(2) 在二次回路进行检修实验时应遵守的安全规程？

(3) 在带电二次回路上工作的安全注意事项？

(4) 整组动作实验一般采用哪些方法？

(5) 二次回路故障查找的方法和查找顺序？

二、决策与计划

(1) 制定工作流程，画出流程图。

(2) 人员分工：操作人_____监护人_____

(3) 具体操作步骤：

(4) 所用工具、材料清单（列表）

(5) 危险点分析与采取的防范措施（列表）

三、实施（任务：10kV 线路保护柜的检验与排故）

1. 自检

(1) 外观检查。

检查内容	存在问题	解决方法与结果
器件		
核对线号		
端子排		
导线紧固		

(2) 仪表检查。

名称	检查结果	存在问题	排除方法
熔断器			
连接片			
实验型端子			
交流电压回路			
交流电流回路			
电流速断保护			
定时限过流保护			
低电压闭锁			
断路器控制回路			
一次自动重合闸装置			

2. 整组动作实验

步骤序号	操作内容	现象	存在的故障	查找过程

3. 检验结果（第一次通电）

测试内容	测试结果	备注
低电压闭锁		
手动合闸		
手动分闸		
电流速断		
定时限过流		
一次自动重合闸		
后备保护		

4. 本次实训的心得体会：

四、检查与评估

（1）小组自评：

（2）教师评价：

参 考 文 献

[1] 沈胜标. 二次回路. 北京：高等教育出版社，2006.

[2] 李丽娇. 电力系统继电保护. 北京：中国电力出版社，2007.

[3] 杨利水. 继电保护及自动装置的检验与调试. 北京：中国电力出版社，2006.